KB266254

날마다 하나님의 얼굴 앞으로 나오는

_________________ 님께 드립니다.

기도의 자리

기도의 자리

앉는 자리가 인생을 바꾼다

최원호 지음

목사님의 책에 군더더기 말을 단다니
매우 두려운 마음입니다.
더구나 기도에 대한 책인데
제가 무슨 말을 보태겠는지요?

하지만 최원호 목사님,
참 좋으신 목사님이 모처럼 책을 내신다 하니
다만 축하의 일념으로 몇 마디 사족(蛇足)의 말씀을
달기로 합니다.

실상 저는 기도에 대해서 잘 알지 못합니다.
그러면서도 기도란 것을 드립니다.
마구잡이 기도이지요.
그렇습니다.
기도란 형식이 있는 게 아니고

내용이 따로 결정되어 있는 게 아니지요.

다만 기도드리는 자와
그 기도를 들어주시는 신이 있을 따름입니다.
그렇지요.

그러니까 기도는 대화이겠습니다.
말을 거는 인간이 있고
그 말을 들어주실 신이 있고,
그러다가 신이 말씀을 주시고
그 말씀을 듣는 인간이 있겠습니다.

실상은 무언가 간절히 원하고 바라는 바를
청원하는 순간과 절차가 기도이지요.

번번이 나의 기도는 다급하고 위태롭습니다.
해결 방책이 전혀 없어 보입니다.
그러나 방바닥이건 아스팔트 바닥이건
무릎 꿇고 간청드리다 보면 어느 사이 그 기도를
들어주시는 분이 저만큼 계심을 느낍니다.

문제는 시간이 문제이고

내 기도의 뜨거움과 간절함이 문제입니다.

더러 기도가 안 이루어질 때는

나의 기도가 그만큼 다급하지 않았고

뜨겁지 않은 탓이라 생각합니다.

기도는 언제 필요할까요?

모든 것이 막혔을 때

완전히 절망일 때

그때 비로소 기도가 필요하다고 생각됩니다.

해결책이 없을 때의 해결책이 기도라고 생각합니다.

최원호 목사님의 이 책 『기도의 자리』는

우리를 자연스럽게 기도의 자리,

원초적인 물음의 자리로 초대하여

끝내 기도가 무엇이고

어떻게 기도하는 것이

정말로 좋은 기도이고

기도를 들어주시는 하나님은 어떤 분이신가에 대해서

친절하면서도 부드럽게 안내해 주는 책입니다.

최원호 목사님과 동행하는 31일,
그러니까 한 달 동안의 여정을 통해
우리는 자연스럽게 변모해진
스스로를 발견하게 될 것이고
기도가 무엇인가에 대한 해답을
얻을 것으로 믿습니다.

한 가지 말씀만
한 가지 소원만
하나님이 알아들으실 때까지
하나님이 들어주실 때까지
어린아이가 울면서
엄마한테 떼를 쓰듯이.

이것은 제가 20년 전,
죽을 병에 걸려 신음할 때
병원 침상에 엎드려 울면서 쓴 시 가운데
한 편입니다.

멀리, 목사님의 아름다운 책 출간을 축하드리며

기도가 무엇인가 다시금 생각해 보는 시간을

갖게 해주심에 감사드립니다.

나태주 시인

기도를 잃어버린 시대에, 다시 무릎으로 돌아가다

기도는 여전히 교회 안에 있습니다.
그러나 우리가 정직하게 던져야 할 질문은 이것입니다.
"기도가 살아 있는가, 아니면 그저 남아있기만 한가?"

오늘 우리는
그 어느 시대보다 많은 기도문을 가지고 있습니다.
인터넷에는 수많은 기도 예문이 넘쳐나고,
버튼 하나만 누르면 원하는 길이와 분위기의 기도문이
즉시 만들어지는 시대를 살고 있습니다.

기도는 분명 더 쉬워졌고 더 정제되었으며,
말로는 더 그럴듯해졌습니다.
그런데 이상하게도
기도 이후의 삶이 달라지지 않는다는 고백은
오히려 더 많아졌습니다.

왜일까요?

기도의 양은 늘어났지만

무릎의 깊이는 얕아졌기 때문입니다.

기도의 언어는 세련되었지만

기도의 자리는 가벼워졌기 때문입니다.

이 책은

"기도하면 잘된다"는 문장을 반복하기 위해

쓰이지 않았습니다.

기도가 무엇인지 다시 묻고,

기도가 언제, 어떻게 '응답'이 되는지를

다시 세우기 위해 쓰였습니다.

응답은 단순한 문제 해결이 아닙니다.

기도의 목적은 상황을 바꾸는 데 있지 않고,

하나님 앞에 다시 서는 데 있습니다.

삶이 바뀌지 않는 기도는

아직 응답이라 부르기 어렵습니다.

기도 이후에도 내가 여전히 중심에 서 있다면,

그 기도는 아직 하나님의 응답에 이르지 못한 것입니다.

이 책은

기도를 하나의 기술로 가르치기보다,

기도를 하나의 자리로 초대합니다.

하나님께 무엇을 말할지 고민하기 전에

지금 내가 어디에 서 있는지를 먼저 묻게 합니다.

이 31일의 여정 동안

당신은 말을 많이 하지 않을 것입니다.

대신 더 자주 멈추게 될 것이고

더 깊이 낮아지게 될 것이며,

마침내 분명하게 하나님을 바라보게 될 것입니다.

기도의 자리.

이 변화는 업그레이드가 아닙니다.

되돌림입니다.

기도가 다시

기도가 되도록,

무릎이 다시 무릎이 되도록,

그리고 하나님이 다시 하나님이 되시도록.

이 책이

당신의 기도 방법을 바꾸기보다,

당신의 자리를 바꾸는

31일의 여정이 되기를 바랍니다.

기도의 자리로 돌아오라는 부르심

당신은 지금 어디에 앉아 있습니까?

카페 창가에서
끝없이 화면을 넘기고 있습니까.
술집 테이블에서 웃음으로 공허를 덮고 있습니까.
회의실 한가운데서 인정받기 위해 애쓰고 있습니까.
침대 가장자리에 걸터앉아 아무것도 하지 않은 채
시간만 흘려보내고 있습니까.

우리는 늘 어디엔가 앉아 살아갑니다.
몸은 자리를 옮기지만,
마음은 비슷한 자리에 오래 머뭅니다.

분노의 자리,
비교의 자리,

불안의 자리,

성과의 자리,

타인의 시선 앞에 앉아 있으면서

그 자리가 우리를 안전하게 해 줄 것이라

믿습니다.

정말 그렇습니까?

지금 우리는 말이 많은 시대를 살고 있습니다.

정보는 넘치고, 해결책은 손안에 있는 것처럼 보입니다.

삶은 더 복잡해졌고 마음은 더 분주해졌으며,

관계는 더 얕아졌습니다.

무엇이 문제인지는 알 수 있습니다.

하지만 무엇이 중심인지는 알지 못한 채

주변만 서성이고 있습니다.

기도는 여전히 우리 곁에 있지만

점점 선택이 되어가고,

그 선택은 자꾸 뒤로 밀려나고 있습니다.

먼저 우리는 전략을 세웁니다.

먼저 사람을 설득합니다.

모든 방법을 다 써보지만 해결 방법을 찾지 못합니다.

결국, "이제는 기도밖에 할 수 없습니다"라고

하나님께 의지합니다.

이 말은 겸손해 보이는 것 같지만,

말 속에는 기도를 마지막 수단으로 밀어 둔 태도가

숨어 있습니다.

기도는 마지막 카드가 아닙니다.

기도는 시작점입니다.

막다른 길에서 꺼내 드는 도구가 아니라

처음부터 서 있어야 할 자리입니다.

저는 『기도할 때 역전되리라』를 쓰며

요행처럼 찾아오는 반전을 말하고 싶지 않았습니다.

어느 날 갑자기 모든 것이 뒤집히는 장면을

약속하고 싶지도 않았습니다.

역전은 우연이 아니라
하나님 앞에 자리를 옮긴 사람에게
조용히 시작되는 은혜이기 때문입니다.

기도는 어디에 앉아 있느냐가
인생을 해석하는 기준이 됩니다.

분노의 자리에 오래 앉아 있으면,
분노가 삶을 해석합니다.

비교의 자리에 앉아 있으면,
열등감이 미래를 결정합니다.

두려움의 자리에 앉아 있으면,
내일이 늘 어둡게 보입니다.

하지만 기도의 자리에 앉으면
하나님께서 인생을 해석하기 시작합니다.

행복은 멀리 있는 사건이 아닙니다.
어디에 머물고 있는가가 문제입니다.
그래서 우리는 자리를 바꾸어야 합니다.

계산의 자리에서 신뢰의 자리로,
불안의 자리에서 임재의 자리로,
소음의 자리에서 하나님의 얼굴 앞으로
나와야 합니다.

기도는 감정을 달래는 기술이 아닙니다.
존재를 다시 세우는 자리입니다.

그 자리에서 하나님은
우리를 기도의 사람으로 빚으십니다.

이 여정은
기도의 방법을 배우는 시간이 아니라
자리를 옮기는 시간입니다.

문이 열리기 전에

먼저 열려야 할 것은 우리의 마음입니다.

상황이 바뀌기 전에

먼저 정돈되어야 할 것은 우리의 자리입니다.

이제 선택해야 합니다.

당신은 어디에 앉아 있겠습니까?

세상의 소음 속에 계속 머물겠습니까.

아니면 하나님의 임재 앞에 자리를 정하겠습니까.

다시 기도의 자리로 돌아오십시오.

역전은 소란스럽게 시작하지 않습니다.

아무도 보지 않는 그 자리에서

하나님의 방식으로 시작합니다.

그리고 그때, 당신의 인생은

당신이 미처 알지 못했던 이야기로

조용히 다시 쓰이기 시작합니다.

차례

◆ 추천의 글

◆   서문

◆ 프롤로그

Part. 1

문을 여는 사람

———

Day 1

기도로 인생의 문을 열다 ‣ 28

|

Day 2

잠잠히 하나님 앞에 머물다 ‣ 34

|

Day 3

기도의 지도 ‣ 40

|

Day 4

기도자의 태도 ‣ 48

|

Day 5

기도는 반드시 응답된다 ‣ 54

|

Day 6

미혹을 꿰뚫고 진리로 나아가다 ‣ 60

차례

◆ 추천의 글

◆   서문

◆ 프롤로그

Part.2

길을 정리하는 사람

Day 7

결단 앞에 선 기도 ▸ 68

|

Day 8

회개로 길을 열다 ▸ 73

|

Day 9

기댈 수 있는 자리 ▸ 78

|

Day 10

금식기도로 돌파하다 ▸ 85

|

Day 11

기다림의 고통을 이겨내는 기도 ▸ 90

|

Day 12

하나님이 움직이시는 흔적을 읽다 ▸ 96

Part.3

머무는 사람

———

Day 13

잠잠함이 나를 세운다 ▸ 104

|

Day 14

기도의 자리, 출석이 답이다 ▸ 110

|

Day 15

루틴이 나를 지킨다 ▸ 115

|

Day 16

신호를 기다리는 사람 ▸ 121

|

Day 17

기도의 길을 트는 5가지 정리 ▸ 128

|

Day 18

고난 속에서 하나님의 음성을 듣다 ▸ 135

Part.4

확장되는 사람

Day 19

기도에는 행함이 따라야 한다 ▸ 142

|

Day 20

마지막 한 움큼의 믿음 ▸ 147

|

Day 21

죽으면 죽으리라: 결단으로 들어가는 금식 ▸ 154

|

Day 22

기도로 미래를 디자인하다 ▸ 161

|

Day 23

기도로 비전을 다시 세우다 ▸ 167

|

Day 24

기도는 그리스도의 몸을 세운다 ▸ 173

Part.5

자리를 지키는 사람

————

Day 25

신앙의 로열석 ▸ 182

|

Day 26

누구 앞에 앉을 것인가 ▸ 186

|

Day 27

거기 너 있었는가 ▸ 193

|

Day 28

머무름이 깊이를 만든다 ▸ 198

|

Day 29

쏟아내는 기도, 스며드는 기도 ▸ 204

|

Day 30

고통의 멍에를 벗는 기도의 자리 ▸ 208

|

Day 31

기도는 삶이 된다 ▸ 213

◆ 에필로그

part. 1

문을 여는 사람

기도로 인생의 돌파구를 찾다

기도로 인생의 문을 열다

"당신의 삶에서 지금 굳게 닫혀 있는 문은 무엇입니까?"

우리는 누구나 한두 개쯤 닫힌
문 앞에 서 있습니다.

관계의 문 앞에서 발걸음을 멈춘 사람도 있고,
진로와 자녀의 문제 앞에서 깊은 한숨을 내쉬는
사람도 있습니다.

건강과 회복의 문,
오래 품어 온 소명과 꿈의 문 앞에서
차마 돌아서지도 못한 채 서성이는
이들도 있습니다.

문이 닫혀 있다는 사실보다

우리를 더 힘들게 하는 것은

그 문이 왜 닫혀 있는지조차

알 수 없다는 막막함입니다.

우리는 이유를 알고 싶어 합니다.

원인을 알면 고칠 수 있기 때문입니다.

그러나 노력했는데도 달라지지 않고,

두드렸는데도 아무 기척이 들리지 않을 때,

우리의 마음은 서서히 시들기 시작합니다.

그때 우리는 이렇게 말합니다.

"이제는 기도밖에 할 수 없네요."

이 말은 겉으로는 신앙의 고백처럼 들립니다.

하지만 말 뒤에는 인간의 한계 끝에서 느끼는

무력감이 담겨 있습니다.

이미 할 수 있는 일은 다해보았고

더 이상 붙들 것이 남아 있지 않다는
조용한 체념도 함께 배어 있습니다.

성경은 기도를 그런 자리에 두지 않습니다.

기도는 다른 방법이 없을 때 꺼내는
마지막 카드가 아닙니다.

기도는 하나님의 역사를
이 땅으로 끌어오는 시작점입니다.

내 힘으로 할 수 있는 일을 다해보았는데도
해결하지 못해 어쩔 수 없이 꺼내 드는
수단이 아닙니다.

기도는 처음부터 끝까지 하나님께서 일하시도록
그분을 모셔 들이는 가장 적극적인 선택입니다.

우리는 종종 문을 여는 방법을 찾으려 애씁니다.
열쇠를 찾고, 구조를 분석하고,

힘으로 밀어보기도 합니다.

그러나 기도는 문을 부수는 힘이 아닙니다.
기도는 문 앞에서 주도권을
하나님께 돌려 드리는 태도입니다.

구하라 그리하면 너희에게 주실 것이요

찾으라 그리하면 찾아낼 것이요

문을 두드리라 그리하면 너희에게 열릴 것이니 (마 7:7)

이 구절은 단순한 낙관의 선언이 아닙니다.
하나님과의 관계 속에서 열리는 질서를
가르쳐 주는 말씀입니다.

문은 언제 열릴지 알 수 없습니다.
그러나 두드림은 헛되지 않습니다.
왜냐하면 기도는 결과를 당겨오는 기술이 아니라
하나님을 신뢰하는 반복이기 때문입니다.

성경 속에서

하나님은 언제나 기도를 통해 일하셨습니다.

한나는 아이를 얻기 전에
먼저 마음을 쏟았습니다.
느헤미야는 성벽을 쌓기 전에
무너진 마음을 하나님께 올려 드렸고,
바울과 실라는 옥문이 열리기 전에
찬송으로 하늘을 열었습니다.

이렇게 문이 열리기 전에
먼저 기도의 자리가 열렸습니다.

그 자리에서 그들의 인생은
다시 하나님의 시간 안으로 연결되었습니다.

지금 당신은 어디에 있습니까?
혹시, 당신 앞에 있는 문이 닫혀 있습니까?

그렇다면 그 문은 실패를 보여 주는 것이 아닙니다.
그 문은 하나님께서 당신을

기도의 자리로 부르고 계시는 신호입니다.

우리는 그것도 모르고 문이 열리기를 기다립니다.
하나님은 기도의 사람이 되기를 기다리십니다.

문이 열리는 것보다 더 중요한 일은
문 앞에서 하나님을 신뢰하는 사람이 되는 것입니다.

기도는 문을 여는 기술이 아닙니다.
문 앞에 서 계신 하나님을 다시 바라보는 일입니다.

오늘부터 문을 바라보기보다
하나님을 바라보십시오.

그 순간
닫힌 현실은 더 이상 절망의 끝이 아니라
하나님과 함께하는 시작점이 될 것입니다.

잠잠히 하나님 앞에 머물다

"나의 마음의 묵상이 주께 열납되기를."

우리는 기도할 때

말을 많이 해야 진지한 것처럼 느낍니다.

간절함은 길이로 증명되고,

믿음은 열정의 크기로 측정되는 것처럼 생각합니다.

그래서 기도의 자리에서 우리는 설명합니다.

상황을 보고하고, 이유를 나열하고,

억울함을 토로합니다.

그러나 어느 순간 깨닫게 됩니다.

말은 많았지만

중심은 여전히 소란스러웠다는 사실을.

기도는 말을 쏟아내는 시간이 아니라

하나님 앞에 서는 시간입니다.

하나님 앞에 제대로 서기 위해서는

내 안의 소음이 먼저 잠잠해져야 합니다.

침묵은

내 안의 스위치를 끄는 일과 같습니다.

불평과 불안, 끝없이 이어지는 자기 변명과

상상 속 논쟁을 가만히 내려놓는 일입니다.

우리는 외부의 소음보다

내면의 소음에 더 많이 흔들립니다.

기도하면서도 머릿속은 분주합니다.

계획을 세우고, 반박을 준비하고,

혹시 모를 상황을 가정하며 불안을 키웁니다.

하나님은 우리의 음성을 기뻐 들으시지만

더 깊은 변화는 우리가 말을 멈출 때 시작됩니다.

이 말씀은 침묵을 강요하는 경고가 아니라

하나님 앞에서의

태도를 바로 세우는 초대입니다.

침묵은 아무것도 하지 않는 정지 상태가 아닙니다.

내가 붙들고 있던 판단을 내려놓고,

하나님이 일하실 자리를 남겨두는 능동적 선택입니다.

묵상은 그 침묵 속에서 비로소 시작됩니다.

묵상은 단순히 말씀을 읽어 내려가는 시간이 아니라,

살아 있는 말씀이

나의 내면을 읽어 내려가는 시간입니다.

문장을 이해하는 데서 멈추지 않고

그 문장이 내 삶을 비추도록 허락하는 일입니다.

우리는 답을 빨리 얻고 싶어 합니다.
그러나 하나님은 우리의 질문보다 더 깊은 곳을
다루십니다.

하박국 선지자는 이해되지 않는 현실 앞에서
즉시 해답을 요구하지 않았습니다.
그는 망대에 올라 기다렸습니다.

내가 내 파수하는 곳에 서며 성루에 서리라
그가 내게 무엇이라 말씀하실는지 기다리고 바라보며
(합 2:1)

기다림은 침묵을 동반합니다.
침묵은 신뢰를 요구합니다.

내가 말하지 않아도
하나님이 알고 계심을 믿는 태도,

내가 당장 이해하지 못해도
하나님이 여전히 일하고 계심을 인정하는 자세.

침묵은 나를 비워 내는 시간이 아니라

하나님의 임재를 의식하는 시간입니다.

오늘날, 우리는 수많은 소음 속에 살고 있습니다.

알림과 뉴스, 영상과 메시지들이

끊임없이 우리의 주의를 끌어당깁니다.

그러나 영혼은 그렇게 채워지지 않습니다.

영혼은 잠잠할 때 비로소 숨을 쉽니다.

나의 영혼이 잠잠히 하나님만 바람이여

나의 구원이 그에게서 나오는도다 (시 62:1)

이 고백은 상황이 안정되었기 때문에

나온 말이 아닙니다.

여전히 위협이 있는 자리에서

다윗은 자신의 영혼을 하나님께로 향하게 했습니다.

침묵은 감정을 억누르는 훈련이 아닙니다.

감정이 하나님보다 앞서지 않도록

자리를 재정렬하는 일입니다.

우리는 하나님께 말하려 애쓰기 전에

하나님이 말씀하실 공간을 마련해야 합니다.

오늘 하루 10분이면 충분합니다.

말씀 한 구절을 붙들고 설명하려 하지 마세요.

해결하려 하지 말고

그냥 하나님 앞에 서 보십시오.

기도의 깊이는

얼마나 많이 말했는가가 아니라

얼마나 깊이 머물렀는가에 달려 있습니다.

침묵은 하나님을 신뢰하는 가장 큰 용기입니다.

바로 그 자리에서,

기도는 비로소 관계가 됩니다.

기도의 지도

기도를 오래 하다 보면
문득 이런 순간이 찾아옵니다.

아무리 열심히 기도 해도
기도가 결국 내 생각 안에서만 맴돌고 있고,
하나님께 말하고 있지만
사실은 나 자신을 설득하고 있을 뿐입니다.

그럴 때마다
나는 다시 다음의 기도로 돌아옵니다.
예수님께서 직접 가르쳐 주신 주기도문입니다.

하늘에 계신 우리 아버지여
이름이 거룩히 여김을 받으시오며 (마 6:9)

기도의 첫 문장은

내 상황이 아닙니다.

내 문제도 아닙니다.

하나님의 이름입니다.

그 문장을 입에 올리는 순간

기도의 중심은 조용히 옮겨 갑니다.

문제는 여전히 그 자리에 있지만,

기도하는 나의 시선은 나를 넘어 하나님께로 머뭅니다.

우리는 대개 기도를 문제 해결을 위한

도구로 시작합니다.

급한 일이 생기면 기도의 강도가 높아지고,

간절함은 요청의 양으로 드러납니다.

그러나 주기도문은

기도의 출발점부터 다릅니다.

기도는

하나님의 이름을 먼저 높이는 일입니다.

하나님의 거룩함을 인정하는 일입니다.

내가 중심이 아니라는 사실을 고백하는 일입니다.

다음의 한 문장 안에는

기도의 방향이 담겨 있습니다.

나라가 임하시오며

뜻이 하늘에서 이루어진 것 같이

땅에서도 이루어지이다 (마 6:10)

이 고백은

내 뜻을 관철해 달라는 요청이 아닙니다.

오히려 내 뜻이 뒤로 물러서는 순간입니다.

우리는 기도를

하나님을 설득하는 시간으로 착각합니다.

내 계획을 설명하고

내 판단의 정당함을 강조하며,

내가 옳다는 확신만을 나열하기 바쁩니다.

그러나 주기도문을 따라가다 보면
기도는 설득이 아니라 정렬임을 알게 됩니다.

하나님의 뜻에 내 방향을 맞추는 시간.
내 속도를 늦추고 하나님의 시간에
나를 올려놓는 자리.

예수님의 기도는 언제나 그러했습니다.

겟세마네에서 십자가를 앞두고 계셨을 때에도
그분의 기도는 같은 방향이었습니다.

그러므로 너희는 이렇게 기도하라

하늘에 계신 우리 아버지여 이름이 거룩히 여김을 받으시오며

나라가 임하시오며 뜻이 하늘에서 이루어진 것 같이

땅에서도 이루어지이다 (마 6:9-10)

이 고백은

체념이 아닙니다.

패배가 아닙니다.

이것은 신뢰의 가장 깊은 자리입니다.

처음에는 이 문장을

순종의 모범으로만 읽었습니다.

그러나 시간이 지날수록 이 고백은

기도에서 가장 도달하기 어려운 지점임을

깨닫게 합니다.

기도는

원하는 답을 얻는 일이 아니라

원하지 않는 길도 신뢰할 수 있게 하는 과정입니다.

오늘 우리에게 일용할 양식을 주시옵고 (마 6:11)

이 문장은 소박해 보이지만

가장 깊은 의존을 담고 있습니다.

하루를 살아내는 데 필요한 모든 것을
아버지께 맡기는 일인 동시에
내일을 장악하려는 불안을 내려놓는
결단입니다.

우리는 미래를 계산하고
가능성을 확보하려 애씁니다.
그러나 기도는 내일을 소유하는 방법이 아니라
오늘을 맡기는 태도입니다.

그리고 주기도문은
우리의 연약함을 정직하게 드러나게 합니다.

우리를 시험에 들게 하지 마시옵고
다만 악에서 구하시옵소서 (마 6:13)

이 고백은
강해지고 싶다는 욕망이 아니라
넘어질 수밖에 없는 존재임을 인정하는 정직함입니다.

기도는

나의 강함을 증명하는 자리가 아니라

나의 연약함을 완전히 드러내는 자리입니다.

주기도문은

암송을 위한 문장이 아닙니다.

기도의 길을 잃지 않게 붙잡아 주는 기준입니다.

기도가 다시 나에게로 돌아오려 할 때

이 기도는 나를 중심에서 밀어냅니다.

그리고 하나님을 다시 중심에 세웁니다.

기도는

예수님이 먼저 걸어가신 길입니다.

우리는 그 길을 따라 배워 걷는 사람입니다.

오늘,

급한 문제를 말하기 전에

이 한 문장을 먼저 읊조려 보십시오.

“하늘에 계신 우리 아버지여.”

그 순간,

기도는 요구가 아니라 관계가 됩니다.

기도자의 태도

기도하면서도

나는 오래 서 있었습니다.

입술로는 하나님을 불렀지만

마음 한편에서는 여전히

내가 주도권을 쥐고 있었습니다.

기도가 끝나면

상황이 바뀌기를 기대했습니다.

문제가 즉각 해결되기를 기다렸습니다.

기도는 했지만

나는 내려오지 않았습니다.

무릎을 꿇는다는 것,

단순히 몸의 자세를 낮추는 일이 아닙니다.

그것은 나를 꺾는 일입니다.

그래서 무릎은

어떤 투쟁보다 더 치열한 영적 전투입니다.

몸을 낮추는 것보다

마음을 낮추는 일이 훨씬 더 어렵습니다.

우리는 문제가 터지면 잠시 고개를 숙이지만,

내 계획이 막히면 쉽게 물러서지 않습니다.

하나님께 맡긴다고 말하면서도

결정권은 여전히 손에 쥐고 있으려 합니다.

무릎은 패배의 자세처럼 보이지만

실은 가장 먼저 하나님께 권한을 돌려 드리는 자리입니다.

주 앞에서 낮추라

그리하면 주께서 너희를 높이시리라 (약 4:10)

이 말씀은

낮아지면 성공한다는 공식이 아닙니다.

낮아질 때 비로소

하나님의 질서 안으로 들어간다는 선언입니다.

무릎을 꿇는 순간

내 계획은 조용히 멈춥니다.

내가 옳다는 확신은 힘을 잃습니다.

그리고 그 자리에

하나님의 뜻이 먼저 놓이기 시작합니다.

성경 속에서 하나님의 사람들은

결정적인 순간마다 무릎을 꿇었습니다.

다니엘은 사자굴의 위협 앞에서도

기도의 자리를 바꾸지 않았습니다.

왕의 명령보다 오래 견딘 것은

그의 무릎이었습니다.

예수님 역시

겟세마네에서 끝까지 서 있으려 하지 않으셨습니다.
그분은 엎드리셨습니다.

그리고 이렇게 기도하셨습니다.

이 기도는
십자가를 피하게 해 달라는 요청이 아니었습니다.
십자가의 길을 끝까지 걸어갈 수 있는
힘을 구하는 기도였습니다.

무릎은 현실을 포기하는 자리가 아닙니다.
오히려 현실을 하나님께 맡기는 자리입니다.

우리는 무릎을 꿇으면서도
속으로 계산할 때가 많습니다.
'이 정도 기도했으니까.'
'이 정도 낮아졌으니까.'

그러나 진짜 무릎은 조건이 없습니다.

그 자리는
아무것도 주장하지 않는 자리입니다.
설명하지 않아도 되는 자리입니다.
하나님이 하나님 되시도록
조용히 물러나는 자리입니다.

기도에서 중요한 것은 자세 자체가 아니라
그 자세에 담긴 영혼의 방향입니다.

때로는 몸이 마음보다 먼저 진실해집니다.
무릎을 꿇는 순간
말로는 내려놓지 못하던 자존심이
천천히 힘을 잃습니다.

그래서 무릎은 형식이 아니라 훈련입니다.

오늘,
무엇을 더 말하려 애쓰기보다

무엇을 더 얻어내려 고집하기보다

잠시 무릎을 꿇어 보십시오.

기도의 승리는

내가 높아지는 데서 오지 않습니다.

내가 내려오는 자리에서

조용히 시작됩니다.

그 순간

하나님이 일하십니다.

기도는 반드시 응답된다

기도하면서

가장 많이 흔들리는 순간은

아무 일도 일어나지 않는 것처럼 느껴질 때입니다.

기도는 계속하고 있는데

현실은 요지부동이고,

상황은 꿈쩍도 하지 않습니다.

그 사이, 우리의 마음은 점점 지쳐 갑니다.

그때 우리는 스스로에게 묻습니다.

"이 기도는 정말 들리고 있는 걸까?"

응답을 의심하는 순간은 믿음이 약해서라기보다

기대를 오래 품고 있었기 때문인지도 모릅니다.

우리는 기도의 자리에 앉으며
이미 나름의 '완성된 응답'을 그리곤 합니다.
이쯤 되면 바뀌어야 하고,
이런 방식으로 풀려야 한다는
나만의 시간표를 세워 둡니다.

그러나 하나님은
그림대로 따라 주신 적이 거의 없습니다.

분명히 기도했는데
아무 일도 일어나지 않는 것처럼 보이면
그 시간은 유난히 길게 느껴집니다.

하나님께서 침묵하시는 것 같고
내 입에서는 조급한 말들만 늘어납니다.

그때 깨닫게 됩니다.
하나님께서 응답하지 않으신 것이 아니라,

내가 정해둔 방식으로만

응답받기를 고집하고 있었다는 사실을요.

하나님은 내 기도를 무시하신 것이 아닙니다.

내 시선을 넓히고 계셨습니다.

문제를 즉시 해결해 주시기보다

그 문제 앞에 서 있는

나 자신을 먼저 다루고 계셨습니다.

이 말씀은 염려가 사라진다는 약속이 아니라

염려를 맡길 대상이 분명하다는 선언입니다.

기도의 응답은

언제나 결과의 형태로만 오지 않습니다.

상황은 그대로인데

내 마음이 먼저 달라진 날이 있습니다.

문은 여전히 닫혀 있습니다.

하지만 그 문을 두드리는 내 손에
더 이상 불안한 떨림이 없음을 발견하는
순간이 있습니다.

그때야 비로소,
'응답'이라는 단어가 다르게 들리기 시작합니다.

응답은 내가 원하는 것을 얻는 순간이 아니라
하나님과의 관계가 여전히 살아 있음을
확인하는 시간입니다.

침묵 속에서도
하나님이 나를 놓지 않고 계신다는
조용한 확증입니다.

돌이켜 보면, 가장 깊은 응답은

기도가 끝난 뒤에야 알아차렸습니다.

문제가 해결된 날보다
문제 앞에서 더 이상 도망치지 않던
그날이 더 선명하게 남아 있습니다.

기도는
원하는 답을 빨리 받아내는 방법이 아닙니다.
하나님께서 지금도 내 삶 안에서 일하고 계심을
신뢰하게 만드는 시간입니다.

기도는 반드시 응답받습니다.

다만 그 응답은
내가 기대한 모양이 아닙니다.

내가 감당할 수 있는 방식으로,
내가 준비되었을 때 조용히 다가옵니다.

그래서 우리는

결과를 확인하기 전에

관계를 신뢰하는 사람으로 남아야 합니다.

오늘,

눈에 보이는 변화가 없어 보일지라도

기도는 공중에서 흩어지지 않습니다.

하나님은 이미 들으셨고, 기억하고 계시며,

지금도 당신의 삶 속에서 일하고 계십니다.

그 사실을 믿음으로 붙드는 순간,

기도는 다시 시작됩니다.

미혹을 꿰뚫고 진리로 나아가다

믿음의 길을 걸어가다 보면

언제나 선택의 갈림길에 서게 됩니다.

그 갈림길은

선과 악이 분명하게 나뉘어 있는 경우보다

옳은 것과 더 옳은 것 사이에 자주 나타납니다.

미혹은

노골적인 거짓의 얼굴로 오지 않습니다.

대개는 진리의 언어를 흉내 낸 채

설득력 있는 표정으로 다가옵니다.

그래서 더 조심해야 합니다.

우리는 감동 받으면,

곧 진리라고 생각하기 쉽습니다.

눈물이 흐르면 하나님의 은혜라고 단정 짓고,

많은 사람이 따르기 시작하면

그 길이 무조건 옳다고 믿어버립니다.

그러나 느낌은 기준이 될 수 없습니다.

체험도 충분하지 않습니다.

열심 역시 방향을 보장하지 않습니다.

사랑하는 자들아 영을 다 믿지 말고

오직 영들이 하나님께 속하였나 분별하라 (요일 4:1)

이 말씀은 의심하라는 명령이 아니라

분별하라는 요청입니다.

분별은 믿음의 반대가 아닙니다.

오히려 믿음을 지키는 가장 성숙한 태도입니다.

우리는

편안한 답을 원합니다.

지금 당장 불안을 해소해 줄 말,

즉시 위로가 되는 메시지를 찾습니다.

그런데 진리는

항상 우리를 편안하게 하지 않습니다.

때로는 불편하게 하고,

때로는 방향을 수정하게 하고,

때로는 멈추게 합니다.

기도는

막연한 불안을 키우는 시간이 아니라

복잡해진 마음을 말씀 앞에 세우는 시간입니다.

기도하지 않는 사람은

자기 생각 안에서만 판단합니다.

그러나 기도하는 사람은

자기 생각을 말씀 위에 올려놓습니다.

진리는 언제나 예수 그리스도를 향하게 합니다.

사람을 의존하게 하지 않고,

특별한 체험에 묶어 두지 않으며,

두려움을 조장하지도 않습니다.

진리는 자유롭게 합니다.

기도는

마음이 흔들릴 때

즉각적인 결론을 내리기보다

하나님의 뜻을 기다리는 선택입니다.

우리는 빨리 결정하고 싶어 합니다.

확신을 붙들고 싶어 합니다.

분별은 속도를 재촉하지 않습니다.

오히려 충분히 머물기를 요구합니다.

말씀이 기준이 되고

성령의 열매가 드러나며,

그 결과가 하나님을 더 높이는가를

묻는 과정입니다.

그 질문이 기도 안에서 반복될 때
미혹은 힘을 잃습니다.

분별은 의심 많은 태도가 아니라
겸손한 태도입니다.

나는 틀릴 수 있다는 고백,
그래서 하나님께 묻겠다는 결단.

오늘도 우리는
수많은 말들 속에서 살아갑니다.
정보는 넘치고 주장은 강합니다.

그러나 진리는 소란스럽지 않습니다.

기도의 자리에서
마음을 낮추고 묻는 사람에게
조용히 방향을 비춥니다.

진리는 흥분을 부추기지 않습니다.

하나님을 더 깊이 신뢰하게 합니다.

오늘,
마음이 흔들린다면 결론부터 붙들지 말고
먼저 기도의 자리에 앉으십시오.

분별은
하나님 앞에 오래 머무는 사람에게
자연스럽게 주어집니다.

진리를 붙든 삶은
화려하게 눈에 띄지 않아도,
끝내 흔들리지 않습니다.

part. 2

길을 정리하는 사람

회개로 막힌 담을 허물다

결단 앞에 선 기도

기도가 막힌 것처럼 느껴질 때가 있습니다.
말은 계속하고 있지만
어딘가 벽에 부딪히는 느낌이 들 때입니다.

그때 우리는 상황을 탓합니다.
환경이 열리지 않았고, 사람이 바뀌지 않았기
때문이라고 생각합니다.

그러다가 어느 순간
전혀 다른 질문이 떠오릅니다.

'혹시 기도가 막힌 것이 아니라
내 뜻이 아직 꺾이지 않은 것은 아닐까.'
하고 말입니다.

우리는 기도하면서도

이미 결론을 정해 두는 경우가 많습니다.

이 방향이 옳다고 확신하고,

이 결과가 최선이라고 믿다 보니,

기도가 하나님께 묻는 시간이 아니라

내 결정을 승인받는 시간이 되기 쉽습니다.

기도의 깊이는 나의 확신이 흔들리는

그 지점에서 시작됩니다.

내 뜻보다 하나님의 뜻이 있음을

겸손하게 인정하는 선언입니다.

기도는 내 계획을 정리해서 올려 드리는 시간이 아니라

하나님의 계획에 나를 맞추는 시간입니다.

우리는

결과를 알고 싶어 합니다.

앞을 예측하고 싶어 합니다.

손해 보지 않기를 원합니다.

하지만 하나님의 뜻은
우리의 계산에 따라 움직이지 않습니다.

기도의 전환점은 상황이 바뀌는 순간이 아니라
내 중심이 옮겨지는 순간입니다.

내 뜻이 중심에 있으면 기도는 늘 불안합니다.
응답이 더디면 흔들리고,
예상치 못한 방향으로 흐르면 이내 당황하고 맙니다.

반면, 하나님의 뜻이 중심이 되면
과정은 달라집니다.

이해되지 않아도 서둘러 판단하지 않게 됩니다.
불확실해 보여도 당장 포기하지 않게 됩니다.

기도는 내 뜻을 내려놓는 훈련입니다.

내가 원하는 길이 막히는 것이
반드시 실패는 아닙니다.

어쩌면 방향을 바꾸라는
하나님의 부르심일 수도 있습니다.

하나님의 뜻은 우리의 기대보다 넓고
우리의 시야보다 멀리 있습니다.

기도하는 사람은
그 넓음과 멂을 신뢰하는 사람입니다.

전환점은 소리 없이 찾아옵니다.

처음에는 여전히 같은 상황인데
마음 안에서 '그래도 괜찮다'라는 고백이 올라옵니다.

결과를 장담할 수 없지만
하나님을 신뢰할 수 있다는 확신.
그 순간 기도는 요구가 아니라 동행이 됩니다.

우리는 가끔
"왜 이 길입니까?"라고 묻습니다.

그러나 더 중요한 질문은
"이 길에서도 주님을 따르겠습니까?" 하는
말일지도 모릅니다.

기도는 길을 바꾸는 기술이 아니라
길 위에서 중심을 지키는 힘입니다.

오늘 이렇게 기도해 보십시오.

"내 뜻이 아니라,
오직 주님의 뜻이 앞서게 하소서."

이 짧은 고백이
당신의 기도를 전혀 새로운 자리로
옮겨 놓을 것입니다.

회개로 길을 열다

기도 응답을 받지 못한다고 느낄 때가 있습니다.
기도는 계속하고 있는데
하늘이 닫혀 있는 것처럼 느껴지는 순간입니다.

그때 우리는
하나님이 멀어지셨다고 생각합니다.

내가 버림받은 것은 아닌지,
지나온 시간을 뒤척이며 스스로를 의심하기도 합니다.

그런데 때로는
하늘이 막힌 것이 아니라
내 안이 막혀 있는 경우가 있습니다.

기도는 하나님을 움직이는 일이 아니라

내 마음을 열어 가는 과정입니다.

우리는 기도를 하면서도
여전히 붙들고 있는 것이 많습니다.
용서하지 못한 마음,
회개하지 않은 습관,
내려놓지 못한 자존심.

몸은 기도의 자리에 앉아 있으나,
마음이 하나님보다 더 의지하는 것에 머물러 있다면
기도는 결코 깊어질 수 없습니다.

내가 나의 마음에 죄악을 품었더라면
주께서 듣지 아니하시리라 (시 66:18)

이 말씀은
완벽해야 기도할 수 있다는 경고가 아닙니다.
숨기지 말라는 초대입니다.

기도는 죄 없는 자의 특권이 아니라

정직한 자의 특권입니다.

우리는 응답이 지연되는 이유를
외부에서만 찾습니다.
'상황이 복잡해서',
'때가 아직 이르지 않아서'라고 말입니다.

물론 하나님의 시간은
우리의 시계와 다를 수 있습니다.

그러나 기도의 길을 막는 것은
내 안의 완고함일 수도 있습니다.

하나님은 문제를 해결해 주시기 전에
나를 준비시키십니다.

기도는
내가 원하는 것을 얻는 시간이 아니라
하나님이 원하시는 사람으로 빚어지는
시간입니다.

기도가 막혔다고 느껴질 때
이렇게 물어보십시오.

"나는 정말 하나님의 뜻을 원하고 있는가?"
아니면 "내 뜻을 관철하려 애쓰고 있는가?"

기도는 점검의 자리입니다.

내가 붙들고 있는 것을
하나님 앞에 내려놓는 자리입니다.

기도가 깊어지지 않는 이유는
하나님이 멀어서가 아니라
내가 아직 열지 않은 문이 있기
때문일지도 모릅니다.

오늘 응답을 재촉하기 전에
내 마음을 살펴보십시오.

막힌 것은 하늘이 아니라

'내 안'일 수도 있습니다.

그래서 그 자리를 여는 열쇠는
회개와 겸손입니다.

기도는
밖에서 문을 두드리는 일만이 아닙니다.
내 안의 빗장을
스스로 풀어내는 일입니다.

기댈 수 있는 자리

기도의 자리는 멀리 있지 않습니다.
특별한 장소를 찾아가야만 들어갈 수 있는 곳도
아닙니다.

마음을 하나님께로 조금만 돌리는 순간,
그곳이 기도의 자리입니다.

우리는 하루를 살면서 참 많이 기대며 삽니다.
사람에게 기대고, 돈에 기대고, 계획에 기대고,
내 경험과 능력에 기대어 살아갑니다.

그런데 한번 스스로에게 물어보십시오.

당신은 지금 누구에게 기대고 있습니까?

사람에게 기댔는데

그 사람이 지쳐 있지는 않았습니까?

돈에 기댔다가

상황이 흔들려 불안하지 않았습니까?

내 의지에 기댔다가

어느 날 갑자기 그 힘이 바닥난 적은 없습니까?

든든한 버팀목인 줄 알았는데,

막상 몸을 실어보니 힘없이 휘어지는 가지 같아

더 위태로웠던 순간들.

우리는 이미 여러 번 경험했습니다.

성경은 분명히 말합니다.

귀인들을 의지하지 말며 도울 힘이 없는

인생도 의지하지 말지니 (시 146:3)

사람이 숨이 끊어지면 흙으로 돌아가고

생각도 그날에 사라진다고 합니다.

우리가 기대는 대상이 결국 도울 힘이 없는 존재라면,
그 기대는 오래 버틸 수 없습니다.

더 지칩니다.

"이제 어디에 기대야 하지?"
그 질문이 마음 깊은 곳에서 올라옵니다.

기도는 바로 그 질문에서 시작됩니다.

성경은 또 이렇게 말합니다.

> 우리는 긍휼하심을 받고 때를 따라 돕는 은혜를 얻기 위하여
> 은혜의 보좌 앞에 담대히 나아갈 것이니라 (히 4:16)

긍휼은 넘어졌을 때
"왜 또 그러느냐"고 묻지 않는 마음입니다.
상처를 들여다보며 정죄하지 않고,

흙 묻은 무릎을 조용히 털어 주는 손길입니다.

때를 따라 돕는 은혜는
한꺼번에 모든 것을 해결해 주는 능력이 아니라,
오늘을 견딜 만큼, 지금 숨 쉴 만큼,
무너지지 않을 만큼 붙들어 주는 손입니다.

보좌라는 단어는 우리를 움츠러들게 합니다.
심판의 자리일 것 같고,
내 허물을 들춰낼 것만 같아 머뭇거리게 됩니다.
하지만 성경은 그곳을 '은혜의 보좌'라 부릅니다.

우리는 자격을 갖추었기 때문에
하나님께 나아가는 것이 아닙니다.
아무런 자격이 없기 때문에,
은혜의 자리로 나아가는 것입니다.

그래서 기도의 자리는
강한 사람이 가는 곳이 아니라
기댈 곳이 필요한 사람이 가는 자리입니다.

성경은 선언합니다.

반석은 흔들리지 않는 자리입니다.
요새는 무너질 수 없는 자리입니다.

기도한다고 모든 문제가 한 번에 해결되지는 않습니다.
마음이 조금 달라집니다.
숨이 깊어지고, 두려움이 낮아집니다.

왜일까요?

기대가 무너지지 않았기 때문입니다.
내가 붙드는 것이 아니라
나를 붙들어 주는 손이 있기 때문입니다.

'담대히' 나아가라고 합니다.
완벽해져서 가라는 뜻이 아닙니다.

지금 모습 그대로 한 걸음 가 보라는 뜻입니다.

기도는 멋진 말을 하는 시간이 아닙니다.
솔직해지는 시간입니다.

"하나님, 저는 자꾸 사람에게 기대다 무너집니다.
이제 어디에 기대야 할지 모르겠습니다.
붙잡아 주십시오."

이 정도면 충분합니다.

기도의 자리는
완벽한 사람이 당당히 서는 곳이 아닙니다.
더 이상 버틸 힘이 없어
털썩 주저앉고 싶은 이가
온전히 기댈 수 있는 자리입니다.

오늘도 혹시
사람에게 기대다 실망했고,
내 힘에 기대다 지쳤다면,

라는 말씀처럼 잠시 멈추고

그분께 기대어 보십시오.

기도의 자리는

말을 많이 하는 곳이 아니라

무너지지 않는 분께 기대는 자리입니다.

금식기도로 돌파하다

우리는 배고픔을 피하려고 합니다.

우리는 불편함을 줄이고, 결핍을 채우고,

원하는 것을 즉시 얻으려 합니다.

그런데 금식은

그 흐름을 거슬러 올라가는 선택입니다.

금식은

하나님을 설득하기 위한 행위가 아닙니다.

하나님의 마음을 움직이기 위한 거래도 아닙니다.

내 안의 질서를 다시 세우는 일입니다.

우리는 자신도 모르는 사이 많은 욕구에 끌려다닙니다.

단순히 허기를 채우는 일뿐만 아니라,

인정받고 싶고, 말을 쏟아내고 싶고,

모든 것을 통제하고 싶은 그 욕구들에

지배당하고 있습니다.

금식은

그 욕구들 앞에 멈춰서는 훈련입니다.

내가 원하는 것을 잠시 내려놓고

하나님을 더 깊이 원하겠다는 선언입니다.

이제라도 금식하고 울며 애통하고

너희 마음을 다하여 내게로 돌아오라 (욜 2:12)

이 말씀은 행위를 강조하는 명령이 아니라

돌아옴을 요구하는 초대입니다.

금식은 굶는 행위가 아니라 돌이키는 태도입니다.

우리는 종종 문제가 해결되지 않을 때

더 강한 방법을 찾습니다.

더 많이 말하고,

더 강하게 주장하고,

더 빠르게 움직이려고 합니다.

그러나 금식은

속도를 늦추는 영적 결단입니다.

내가 움직이기보다

하나님이 일하시기를 기다리는 자리입니다.

금식은 몸의 허기를 통해

영혼의 굶주림을 자각하게 합니다.

단지 음식만 내려놓는 것이 아닙니다.

우리는 습관적으로 기댄 감정들,

일상에서 쉽게 찾았던 그 위안들까지

함께 내려놓아야 합니다.

그것들을 잠시 내려놓을 때,

하나님을 향한 갈망이 선명해집니다.

금식은

극단적인 행위가 아닙니다.

집중의 행위입니다.

흐트러진 마음을 하나님께로 모으는

시간입니다.

금식하는 동안

기도는 가벼워지지 않습니다.

오히려 더 진지해집니다.

배고픔은

내 연약함을 드러냅니다.

나는 자급할 수 없는 존재임을 깨닫게 됩니다.

그 깨달음이

기도를 깊게 만듭니다.

금식은

하나님께 무엇을 얻어내기 위한 도구가 아니라

하나님 앞에 정직해지는 통로입니다.

돌파는 상황이 갑자기 바뀌는 사건만을
의미하지 않습니다.
내가 붙들고 있던 것을
내려놓는 순간 시작됩니다.

금식은 내가 의지하던 힘을 내려놓고
하나님의 힘을 신뢰하는 훈련입니다.

오늘 굳이 길게 하지 않아도 괜찮습니다.
짧은 금식이라도 하나님께 집중하는 시간을
정해 보십시오.

금식은 하나님을 더 가까이 모시는
선택입니다.

그리고 그 자리에서 우리는 알게 됩니다.

진짜 돌파는
밖에서 일어나기 전에
내 안에서 먼저 시작된다는 사실을.

기다림의 고통을 이겨내는 기도

기도는 시작할 때보다, 하고 난 후의

기다림 속에서 훨씬 더 많이 흔들립니다.

간절히 기도한 뒤 아무 일도 일어나지 않는

막막한 시간,

그 공백이 우리를 시험에 들게 합니다.

우리는 결과를 원합니다.

눈에 보이는 변화, 확실한 신호,

지금 당장 확인할 수 있는 응답을 기다립니다.

그러나 하나님은

종종 기다림 속에서 일하십니다.

기다림은

아무 일도 일어나지 않는 시간이 아닙니다.

하나님께서 보이지 않는 곳에서
질서를 다시 세우시는 시간입니다.

우리는 기다림을
지연이라고 생각합니다.
그러나 하나님은 기다림을
준비라고 부르십니다.

여호와를 기다릴지어다

강하고 담대하며 여호와를 기다릴지어다 (시 27:14)

이 말씀은
조급해 하지 말라는 위로가 아니라
기다림 속에서도 무너지지 말라는 격려입니다.

기다림은 신뢰를 요구합니다.

지금 이해되지 않아도
하나님께서 여전히 일하고 계심을 믿는 태도를
취해야 합니다.

우리는 기다림 속에서 방향을 바꿉니다.
하나님께서 침묵하신다고 느껴질 때
다른 길을 찾으려 합니다.

그러나 침묵은 부재가 아닙니다.
때로는 더 깊은 개입입니다.

기다림은
내 시간표가 깨지는 자리입니다.

우리는 언제, 어떻게, 어떤 방식으로
응답이 와야 하는지 마음속에 이미 정해 둡니다.

그 계획이 어긋날 때
기도는 시험대에 오릅니다.

기다림은 내가 통제할 수 없는 영역을
하나님께 맡기는 훈련입니다.

기도는 내가 원하는 때에 응답받는 도구가 아니라,

하나님의 때를 끝까지 신뢰하는 훈련입니다.

기도는 시간을 당겨오는 도구가 아니라
시간을 신뢰하는 연습입니다.

기다림 속에서
우리는 내면을 보게 됩니다.

조급함, 불안, 포기하고 싶은 마음을 봅니다.

그 감정들을 숨기지 않고
하나님께 올려 드릴 때 기도는 더 깊어집니다.

기다림은 결코 낭비가 아닙니다.

기다림은 사람을 단단하게 만듭니다.

즉각적인 응답이 있었다면
우리는 하나님을 신뢰하기보다
결과를 신뢰했을지도 모릅니다.

기다림은
관계를 시험합니다.

나는 결과가 없어도
여전히 하나님을 신뢰할 수 있는가.

나는 답을 받지 못해도
기도를 멈추지 않을 수 있는가.

기다림은
하나님이 나를 잊으신 시간이 아니라
하나님이 나를 빚으시는 시간입니다.

혹시 오늘, 열리지 않은 문 앞에 서 있다면
조급함보다 신뢰를 선택하십시오.

기도는 기다림을 견디는 힘입니다.
그 힘은 결과보다 오래 남습니다.

기다림의 끝에서 우리는 알게 됩니다.

응답은

시간이 흘러 뒤늦게 도착한 것이 아니라

이미, 당신의 가장 좋은 때를 향해

조용히 준비되고 있었다는 사실을.

하나님이 움직이시는 흔적을 읽다

우리는 기도할 때 변화를 기대합니다.
문제가 풀리고, 길이 열리고,
상황이 정리되기를 바랍니다.

그래서 하나님의 일하심을
눈에 보이는 결과로만 판단하기 쉽습니다.

그러나 시간이 지나면서
조금씩 알게 됩니다.

하나님은 우리가 상상한 모양 하나로만
일하지 않으신다는 사실을.

어떤 때는 분명하고 빠릅니다.
닫혀 있던 문이 열리고, 막혀 있던 길이 트입니다.

그러나 어떤 때는 조용합니다.

상황은 그대로인데 내 마음이 먼저 달라집니다.

두려움은 줄어들고,

혼란은 조금씩 가라앉습니다.

무엇보다도, '버틸 수 있겠다'라는 힘이

내 안에 차오릅니다

그때 우리는 묻습니다.

이것도 하나님이 하신 일일까.

내가 네게 응답하겠고

네가 알지 못하는 크고 은밀한 일을

네게 보이리라 (렘 33:3)

이 말씀은 기적만을 약속하는 구절이 아닙니다.

하나님의 일하심이

우리의 이해를 넘어설 수 있다는 선언입니다.

우리는 문제가 사라져야 해결이라고 생각하지만

하나님은 문제를 없애기보다

문제를 통과할 힘을 주실 때도 있습니다.

하나님의 움직임은

항상 환경에서만 드러나지 않습니다.

때로는 시선이 바뀝니다.

이전에는 절망으로만 보이던 상황이

어느 날 하나님의 섭리 안에서 읽히기 시작합니다.

기도는 우리를 예민하게 만듭니다.

하나님의 작은 인도에도

마음이 반응하도록.

우리는 큰 사건만 기억하지만

삶을 지탱해 준 것은

작은 깨달음과 조용한 평안이었습니다.

그 평안은

하나님이 나를 보셨다는 흔적이었습니다.

그런데 여기서 멈추지 않습니다.

하나님의 흔적을 읽는 사람은

결국 자기 삶에 그 흔적을 남기기 시작합니다.

바울은 고백합니다.

그 흔적은 상처였습니다.

순종의 자국이었고,

고난을 통과한 믿음의 표지였습니다.

예수의 흔적은

결코 편안함의 표시가 아닙니다.

묵묵히 걸어온 순종의 자국입니다.

기도는 단지

하나님의 움직임을 발견하는 자리가 아니라

예수의 흔적이 내 삶에 새겨지는 자리입니다.

기도하다 보면,

말투가 달라집니다.

분노는 한 박자 늦어지고

판단은 느려지는 대신,

용서는 이전보다 한결 빨라집니다.

환경이 바뀌기 전에

내 반응도 바뀝니다.

상황이 해결되기 전에

내 중심이 단단해집니다.

이것이 흔적입니다.

응답은

문이 열리는 사건만이 아닙니다.

예수의 흔적이 내 삶에 남는 과정입니다.

오늘 당신의 삶에는

무슨 흔적이 남아 있습니까?

상처의 흔적입니까,
자존심의 흔적입니까,
아니면 예수의 흔적입니까?

기도는
내 삶에 그분의 흔적을 새기는 시간입니다.
비록 조용하고 더딜지라도,
그 흔적은 분명하게 당신을
예수의 사람으로 빚어갈 것입니다.

part. 3

머무는 사람

기도로 뿌리를 내리다

잠잠함이 나를 세운다

우리는 말을 멈추는 법보다
말을 이어가는 법에 더 익숙합니다.

침묵은 어색하고,
정적은 불안합니다.

기도의 자리에서도
우리는 무언가를 계속 말하려 합니다.

어느 순간 기도가 길어질수록
마음은 더 복잡해집니다.

그때 깨닫습니다.
말이 많아진다고 하나님과 가까워지는 것은
아니라는 사실을.

침묵은

기도의 공백이 아닙니다. 기도의 심장입니다.

기도가 잠시 숨을 고르는 자리이자,

말이 아닌 존재로 하나님 앞에 서는 시간입니다.

우리는 하나님께 무언가를,

즉 간절함과 열정과 신실함을 토여 주려 합니다.

하나님은

이미 우리를 알고 계십니다.

침묵은

보이려는 노력을 멈추는 자리입니다.

여호와 앞에 잠잠하고 참고 기다리라 (시 37:7)

잠잠함은

아무것도 하지 않는 태도가 아닙니다.

기다림을 선택하는 용기입니다.

침묵 속에서는 내가 붙들고 있던 생각이
천천히 힘을 잃습니다.

분노가 가라앉고,
두려움이 정리되고,
과도한 기대가 내려앉습니다.

말로는 내려놓겠다고 했지만
정작 마음 깊은 곳에서 놓지 못했던 것들이
침묵 앞에서 정직하게 드러납니다.

우리는 침묵을 공허로 오해합니다.
침묵은 비어 있는 시간이 아니라
채워지는 시간입니다.

내 소리가 줄어들 때
하나님의 숨결이 느껴집니다.

기도는
하나님께 고백하는 일에서 끝나지 않습니다.

하나님과 함께 머무는 일까지 이어집니다.

침묵은 그 머묾의 자리입니다.

말로 해결되지 않는 문제는
침묵 속에서 다뤄집니다.

우리는,
하나님이 왜 침묵하시는지 묻습니다.
그 침묵은 우리의 깊이를 키우는 시간일지도
모릅니다.

하나님께서 즉시 답하지 않으실 때
우리는 더 오래 머뭅니다.
그 머묾이 관계를 깊게 만듭니다.

침묵은 나를 다시 세우는 시간입니다.

분주함 속에서 흩어진 중심을
다시 모으는 자리입니다.

말을 멈출 때,
내 마음이 들리면서 그 마음을
하나님 앞에 올려 드릴 수 있습니다.

침묵은
포기가 아닙니다.
신뢰입니다.

하나님이 지금도 일하고 계심을
확신하는 사람만이 조용히 기다릴 수 있습니다.

오늘 기도의 자리에서
잠시 멈추어 보십시오.

설명하려 하지 말고
결론을 내리려 하지 말고
그저 하나님 앞에 서십시오.

침묵의 깊이에서
우리는 말로 세워진 사람이 아니라

관계로 세워진 사람으로 다시 일어섭니다.

그 자리에서,
기도는 더 이상 소리가 아니라
존재가 됩니다.

기도의 자리, 출석이 답이다

어디를 가든 출석은 중요합니다.
학교도 그렇고, 직장도 그렇습니다.
출석하지 않으면 아무리 실력이 좋아도
인정받을 수 없습니다.

중·고등학교나 대학에서 출석 미달이면
시험을 백 점 받아도 F학점입니다.

학교에 가지 않는 학생이 전교 1등을 할 수 없고,
출근하지 않는 사원이 승진할 수 없는 것과 같습니다.

신앙도 다르지 않습니다.

스스로 주일을 거룩히 지키는 일,
예배의 자리에 몸을 두는 일,

기도의 자리에 앉는 일은

단순한 종교적 습관이 아닙니다.

그것은 생명의 자리로 나아가는 태도입니다.

성경은 말합니다.

내 이름이 불리는 자리,

하나님 앞에 기억되는 삶.

기도의 자리는 바로 그 생명의 자리입니다.

기도의 자리에 '있는 것' 자체가

생각보다 훨씬 큰 영적 의미를 가집니다.

왜 그 장소에 머무는 것이 그토록 중요할까요?

임재는 공간 속에서 경험되기 때문입니다.

우리는 영적인 존재이지만 동시에
몸을 가진 존재입니다.

마음만으로는 쉽게 흔들립니다.
그러나 구별된 자리에 앉는 순간
우리의 몸과 영혼은 방향을 잡기 시작합니다.

약속 장소에 나가지 않으면
아무리 좋은 대화 주제가 있어도
대화가 이루어지지 않습니다.

기도의 자리는 하나님과 나 사이의 만남이
실제로 일어나는 자리입니다.

성실함이 능력을 이깁니다.
재능보다 중요한 것은 지속성입니다.

기도의 자리에 꿋꿋하게 앉아 있는 사람은
고난이 닥쳤을 때 당황하지 않습니다.
이미 몸이 기억하고 있기 때문입니다.

그 자리는 그의 피난처입니다.

그 자리에 있어야 들리기 때문입니다.

하나님의 음성은 큰 소리가 아닙니다.

조용한 울림으로 다가옵니다.

소란한 일상생활 속에서는 하나님의 음성을

놓치기 쉽습니다.

기도의 자리는

말을 잘하는 사람이 서는 곳이 아닙니다.

머무는 사람이 서는 곳입니다.

능력보다 위치가 중요합니다.

비행기도 활주로가 있어야 이륙하듯

영혼도 기도의 자리에 있어야 하늘을 향해

날아오릅니다.

"일단 그 자리에 있는 것."

그것이 신앙의 절반입니다.

오늘, 당신은 어디에 출석하고 있습니까?

세상의 일정에는 빠짐없이 참여하면서
기도의 자리에는 결석하고 있지는 않습니까?

기도의 자리는 생명의 자리입니다.
그 자리에 앉아 있는 것만으로도
하나님 앞에 서 있는 것입니다.

기도의 자리를 지키는 당신의 성실함이
언젠가 거센 폭풍이 몰아치는 날,
당신의 삶을 무너지지 않게 붙드는
단단한 뿌리가 될 것입니다.

루틴이 나를 지킨다

우리는 위기의 순간에

진짜 모습이 드러난다고 말합니다.

더 정확히 말하면, 위기 속에서 튀어나오는 것은

그동안의 루틴입니다.

몸이 아프면 평소 생활 습관이 드러나고,

시험을 보면 준비한 만큼 결과가 나오듯,

신앙도 그렇습니다.

다니엘은 목숨이 위태로운 순간에 갑자기 결단한

사람이 아니었습니다.

성경은 이렇게 기록합니다.

다니엘이 … 전에 하던 대로 하루 세 번씩 무릎을 꿇고

기도하며 그의 하나님께 감사하였더라 (단 6:10)

이 구절에서 가장 묵직하게 다가오는 말은
바로 '전에 하던 대로'입니다.

그는 위기의 순간 영웅이 되려 애쓴 것이 아닙니다.
그저 매일 반복해 온 자신의 삶을,
오늘도 변함없이 이어갔을 뿐입니다.

그래서 루틴이 사람을 만듭니다.

요즘 우리는 루틴이라는 말을 많이 씁니다.
아침 루틴, 운동 루틴, 자기관리 루틴.
왜 중요하다고 할까요?
반복이 결국 나를 빚기 때문입니다.

불안하면 스마트폰을 여는 것도 루틴이고,
힘들면 사람을 찾는 것도 루틴입니다.
문제가 생기면 돈이나 능력을 먼저 떠올리는 것도
루틴입니다.

그런데 한번 물어보십시오.

나는 누구에게 기대는 루틴을 가지고 있는가?

성경은 이렇게 말합니다.

어떤 사람은 병거, 어떤 사람은 말을 의지하나
우리는 여호와 우리 하나님의 이름을 자랑하리로다
(시 20:7)

사람은 눈에 보이는 힘, 즉 돈, 배경, 스펙,
인맥을 의지합니다.
하지만 그것이 전부가 아니라는 것을
우리는 이미 경험했습니다.

기댔는데, 막상 기대고 보니
흔들렸던 순간이 있었습니다.
믿었던 것이 무너지는 순간입니다.
그때 마음은 더 깊이 꺼집니다.

그래서 다시 묻게 됩니다.
"나는 어디에 기대야 하지?"

다니엘에게는 분명한 리듬이 있었습니다.

하루 세 번 멈추는 습관이 있었습니다.

하지만 그는 어떠한 상황이든 간에 그 자리를 지켰습니다.

성경은 말합니다.

피난처는 급할 때 갑자기 만드는 곳이 아닙니다.

미리 만들어놓고 어디에 있는지 알고 있어야

위기 때 바로 달려갈 수 있습니다.

다니엘은 사자굴 앞에서 새 길을 찾지 않았습니다.

이미 알고 있던 자리로 갔습니다.

무릎이 익숙한 방향으로 꺾였습니다.

신앙의 힘은

특별한 날의 감정에서 나오지 않습니다.

쌓아 온 반복에서 나옵니다.

우리는 알고리즘의 지배를 받으며 살아갑니다.

자주 보는 것이 더 눈에 띄고,

자주 선택하는 것이 더 빨리 추천되듯,

우리의 영적 세계도

철저히 알고리즘을 따라 움직입니다.

신앙도 같습니다.

자주 앉은 자리가 내 삶의 기본값이 됩니다.

평소, 기도의 자리에 앉는 사람은

힘들어지면 자동으로 그 자리로 갑니다.

불안하면 먼저 하늘을 바라보고,

두려우면 먼저 무릎을 꿇습니다.

그 힘은 하루아침에 생기지 않습니다.

쌓아 온 시간의 힘입니다.

특별한 날만이 아니라,

일상의 흐름 속에서도 끊어지지 않습니다.

그래서 묻습니다.
당신의 루틴은 무엇입니까?
지치면 어디로 갑니까?
불안하면 무엇을 먼저 찾습니까?

그 대답이 결국 당신을 만듭니다.

기도의 자리는 거창하지 않습니다.
그저 오늘도 전에 하던 대로,
잠시 멈추어 앉는 자리입니다.

그렇게 쌓인 반복이
어느 날 당신을 지켜 줍니다.

위기가 닥쳤을 때 나를 지탱하는 힘,
그것은 별안간 생긴 용기가 아닙니다.
매일 묵묵히 쌓아 올린 기도의 흔적입니다.
그 흔적이 당신을 든든하게 지켜낼 것입니다.

신호를 기다리는 사람

사람은 태도에서 드러납니다.

어떤 사람은 오라고 해야 오고,

가라고 해야 가고,

앉아도 되느냐고 묻고 나서 앉습니다.

상대의 신호를 읽습니다.

분위기를 살핍니다.

때를 기다립니다.

반대로 어떤 사람은

자기 마음이 기준입니다.

오지 말라 해도 오고,

가지 말라 해도 가고,

하라면 안 하고, 하지 말라면 더 합니다.

청개구리처럼 반대로 움직입니다.

상대는 안중에도 없습니다.

자기 타이밍이 전부입니다.

그런데 인생에는

놓치면 안 되는 절대적인 타이밍이 있습니다.

비행기 탑승을 예약해 두었지만

10분 늦게 도착하는 바람에

대기자가 탑승해 버리는 일도 있습니다.

사고가 난 뒤에야 알게 됩니다.

그 10분이 생사를 가르는 시간이었음을.

같은 10분이

어떤 날은 기회를 잃게 하고,

어떤 날은 생명을 지키게 합니다.

교통신호도 마찬가지입니다.

신호를 무시하며 달릴 때,

우리는 '나는 괜찮겠지.' 하고 자신합니다.

그러나 사고는 예고 없이, 방심한 순간 찾아옵니다.

빨간불을 무시하며 달리는 그 순간,

내 인생뿐 아니라 남의 인생까지 송두리째

흔들어버릴 수 있습니다.

신호를 지키는 사람을 비웃는 이도 있습니다.

"왜 저렇게 느리게 가?"

"왜 저렇게 답답하게 멈춰 있어?"

그러나 안전은

속도가 아니라 순서에서 나옵니다.

인생도 그렇습니다.

출애굽한 이스라엘 백성들은

자기 마음대로 움직이지 않았습니다.

구름기둥이 머물면 머물고,

떠오르면 떠났습니다.

출발 신호가 있었습니다.
자기감정이 아니라,
하나님의 움직임이 기준이었습니다.

모든 운동경기에는 정해진 출발 신호가 있습니다.
신호가 울리기 전에 뛰쳐나가면 실격이고,
너무 늦게 출발하면 승패는 이미 기울어집니다.
정확한 순간에 움직이는 것, 그것이 실력입니다.

신앙도 같습니다.

내 계획이 아무리 정교해도
자기 신호가 아니면 멈추어야 합니다.

내가 답답하다고 먼저 뛰어나가면

그것은 믿음이 아니라 조급함입니다.

반대로 신호가 울렸는데도 머뭇거리면
그것은 신중함이 아니라 불신일 수 있습니다.

성경은 이렇게 말합니다.

사람이 마음으로 자기의 길을 계획할지라도

그의 걸음을 인도하시는 이는 여호와시니라 (잠 16:9)

내 계획은 있을 수 있습니다.
그러나 정확한 걸음은 하나님의 인도에 달려 있습니다.

광야에서는
먼저 움직이는 것이 능력이 아니었습니다.
끝까지 신호를 기다리는 것이 믿음이었습니다.

요즘 우리는 빠름에 익숙합니다.
빨리 결정하고, 빨리 실행하고,
빨리 결과를 보려 합니다.

그러나 인생에는
'지금은 아니다'라는 시간이 있습니다.
또 '지금이다'라는 순간도 있습니다.

그 차이를 아는 사람이
신호를 기다리는 사람입니다.

기도의 자리는
그 신호를 분별하는 자리입니다.

빨리 움직이기 위한 공간이 아니라
언제 움직여야 하는지를 듣는 자리입니다.

내 타이밍이 아니라
하나님의 타이밍입니다.

먼저 뛰어도 안 되고,
늦게 움직여도 안 되는 자리입니다.

신호를 무시하는 삶은 사고를 부르고,

신호를 기다리는 삶은 길을 엽니다.

오늘,
당신은 신호를 지키는 사람입니까?
아니면 신호를 무시하며 달리는 사람입니까?

인생은 속도의 문제가 아니라,
타이밍의 문제입니다.

분주함을 내려놓고,
하나님의 신호에 귀 기울이는 시간을
가져야 합니다.

우리의 진짜 인생은,
바로 그 기도의 자리에서 시작되니까요.

기도의 길을 트는 5가지 정리

기도는
늘 열려 있는 길처럼 보입니다.
하지만 가끔
막혀 있는 느낌이 들 때가 있습니다.

말은 계속하고 있는데
하늘이 닫힌 것처럼 느껴지고
기도는 습관처럼 이어지는데
마음은 더 멀어지는 경험.

그때 우리는 묻습니다.
왜 이렇게 답답한가?

기도의 길을 막는 것은 하늘의 침묵이 아니라
내 안의 장애물일 때가 많습니다.

기도는 하나님께 나아가는 통로입니다.

만약, 그 통로에 내가 쌓아 올린 것들이

가로놓여 있으면

흐름이 자연스럽지 못합니다.

그 첫 번째 장애물은,

바로 '회개하지 않는 마음'입니다.

우리는 누구나 넘어질 수 있는 연약한 존재이지만

문제는 그 연약함 자체가 아니라,

그것을 정당화하며 붙들고 있는 우리의 고집입니다.

하나님 앞에 드러내지 않고 스스로 정당화하려 할 때

마음은 무뎌집니다.

너의 죄가 주홍 같을지라도

눈과 같이 희어질 것이요 (사 1:18)

이 말씀은 죄 없는 자만 기도하라는 뜻이 아닙니다.

숨기지 말고 돌아오라는 초대입니다.

회개는 기도를 시작하는 문입니다.

두 번째 장애물은
믿음 없는 기도입니다.

우리는 입술로는 구하지만
마음속에서는 이미 '안 될 것'이라고
결론을 내릴 때가 있습니다.

기도는 결과를 보장받는 행위가 아니라
하나님을 신뢰하는 선택입니다.

오직 믿음으로 구하고
조금도 의심하지 말라 (약 1:6)

하는 말씀처럼 의심이 들지 않는다는 뜻이 아니라
의심보다 하나님을 더 크게 보는 태도를 말합니다.

세 번째 장애물은
'용서하지 않는 마음'입니다.

깊은 상처와 억울함이 파도처럼 밀려올 때,
우리는 타인을 향한 칼날을 거두지 못합니다.
하지만 기억하십시오.

'용서하지 않는 마음'은
결국 나를 상처라는 감옥 속에 묶어두는
쇠사슬일 뿐입니다.

기도는 자유의 자리입니다.
미움이 붙들고 있는 마음으로는
자유롭게 하나님께 나아가기 어렵습니다.

너희가 사람의 잘못을 용서하면

너희 하늘 아버지께서도 너희 잘못을 용서하시려니와

(마 6:14)

용서는 감정이 아니라 결단입니다.

네 번째 장애물은
이기적인 기도입니다.

기도가 하나님의 뜻보다
내 성공과 안전만을 중심에 둘 때
그 깊이는 얕아집니다.

기도는 나를 위한 요청을 넘어서
하나님의 나라를 구하는 자리입니다.

마지막 장애물은
세상을 더 사랑하는 마음입니다.

우리는 하나님을 사랑한다고 말하면서도
그 중심에는 다른 것을 우선순위에 두고
있을 때가 있습니다.

기도는 마음의 질서를 드러냅니다.

무엇을 더 두려워하는지,
무엇을 더 의지하는지,
무엇을 더 사랑하는지.

영적 장애물은 거창하지 않습니다.

작은 고집, 정리하지 않은 감정,

내려놓지 못한 우선순위 같은 작은 것들입니다.

기도는 그것을 드러내는 빛입니다.

장애물을 인정하는 순간

길은 다시 열립니다.

기도는

하나님을 설득하는 일이 아니라

나를 정리하는 시간입니다.

오늘 응답을 재촉하기 전에

내 마음을 점검해 보십시오.

무엇이 기도의 흐름을 막고 있습니까?

하나님은

단 한 번도 닫으신 적이 없으셨습니다.

활짝 열려 있는 그분에게로 가는 길을

가로막고 있는 것은,

문 앞에 겹겹이 쌓아 둔

우리 자신의 흔적들입니다.

장애물이 제거될 때

기도는 다시 숨을 쉽니다.

그리고 그 자리에서

우리는 알게 됩니다.

하나님께서는

언제나 들을 준비가 되어 있었다는 사실을.

고난 속에서 하나님의 음성을 듣다

우리는 고난을 피하고 싶어 합니다.

가능하면 돌아가고 싶고,

다른 길이 있다면 선택하고 싶습니다.

고난은 믿음이 부족해서 오는 것처럼

느껴질 때가 있습니다.

그럴 때는 기도가 모자라서, 믿음이 약해서

이런 일이 생겼다고

스스로를 몰아붙입니다.

그러나 성경은

고난을 단순한 벌로만 설명하지 않습니다.

고난은 하나님의 음성이 가장 선명하게

울려 퍼지는 거룩한 통로입니다.

모든 것이 잘 풀릴 때,
우리는 분주해집니다.

감사는 하지만, 삶의 근원을 향한 깊은 질문은
멈춰버리고 맙니다.

이렇게 고난은 우리의 걸음을 멈추게 합니다.
익숙한 것을 흔들어 놓고,
당연하게 여겼던 것들을 다시 묻게 합니다.

고난 당한 것이 내게 유익이라
이로 말미암아 내가 주의 율례들을 배우게 되었나이다
(시 119:71)

이 고백은 고난이 즐거웠다는 뜻이 아닙니다.
고난 속에서
하나님을 더 깊이 알게 되었다는 의미입니다.

고난은 우리가 붙들고 있던 것들
능력, 자존심, 계획,

확신을 내려놓게 합니다.

그러고 나서 그 빈자리에 하나님을 다시 모십니다.

우리는 고난 속에서
끊임없이 이유를 묻습니다.

왜 이런 일이 생겼는지?
왜 하필 지금인지?
왜 나인지?

하나님의 음성은
항상 이유로만 오지 않습니다.
때로는 방향으로 옵니다.

고난은 우리의 기도를 바꿉니다.

어제는 상황을 바꾸어 달라고 기도했다면,
오늘은 내가 무너지지 않게 해 달라고 구합니다.

이전에는 빨리 끝내 달라고 간구했다면
이제는 이 시간을 통과할 힘을 구합니다.

고난 속에서 기도는
더 단순해지고
더 진실해집니다

화려한 문장 대신 짧은 탄식이 남습니다.

"주님, 붙들어 주소서."

고난은 하나님이 멀어졌다는 증거가 아니라
하나님이 더 가까이 계시다는 신호일 수 있습니다.

고난은 우리의 신앙을 드러냅니다.

무엇을 의지하고 있었는지,
어디에 안전을 두고 있었는지.

고난은

신앙을 무너뜨리기도 하지만
신앙을 단단하게 하기도 합니다.

그 차이는 기도의 자리에서 결정됩니다.

고난 속에서도 하나님을 향한 시선을
놓지 않는 사람은 쓰러지지 않습니다.

오늘 당신이 통과하고 있는 시간이
쉽지 않다면 이렇게 고백하십시오.

"고난 속에서도 주님의 음성을 듣게 하소서.
상황이 변하기 전에 내가 변하게 하소서."

고난은 끝이 아닙니다.
하나님과 더 깊은 관계로 들어가는 문입니다.
그리고 그 문은 기도로 열립니다.

part. 4

확장되는 사람

기도가 세상을 움직이기 시작한다

기도에는 행함이 따라야 한다

우리는 기도와 행함을 따로 떼어놓습니다.

기도는 하나님께 맡기는 영역이고,
행함은 내가 책임져야 할 몫이라며 선을 긋습니다.

어떤 때는 기도를 충분히 했다는 자기만족에 빠져
해야 할 일을 미루고,
또 어떤 때는 기도를 건너뛴 채
성급하게 움직이다가 길을 잃곤 합니다.

성경은 기도와 행함을 분리하지 않습니다.

기도는 행함을 멈추게 하는 도피가 아니라
행함을 바르게 시작하게 하는 기준입니다.

느헤미야는

예루살렘 성벽이 무너졌다는 소식을 들었을 때

곧장 일어나지 않았습니다.

먼저 금식하며 기도했습니다.

기도만 하지 않았습니다.

왕 앞에 나아갔고, 계획을 세웠고,

백성과 함께 성벽을 쌓았습니다

이렇게 그의 기도는

하나님의 손을 인정하는 고백이었고,

행함은 그 손을 신뢰하는 실천이었습니다.

우리는 때로 기도를 핑계로 행함을 미루고,

행함을 핑계로 기도를 건너뜁니다.

그러나 진정한 기도는 마음을 움직입니다.

기도는
내가 '해야 할 일'을 분명하게 보여 줍니다.
두려움의 빗장을 열고 한 걸음 내딛게 합니다.

기도는
문제를 없애는 주문이 아니라
문제 앞에 서는 용기를 줍니다.

기도하고도 움직이지 않는다면
그건 하나님보다 두려움이 더 크기 때문입니다.

반면, 기도 없이 움직인다면
그건 하나님보다 앞서려는 교만 때문입니다.

기도는 내 뜻을 내려놓는 자리이지만
동시에 순종을 결단하는 자리입니다.

예수님은 겟세마네에서 기도하신 뒤
도망치지 않으셨습니다.
그 길을 걸어가셨습니다.

기도는 결단을 준비합니다.

기도는 행함의 방향을 정리하고
행함은 기도의 진정성을 드러냅니다.

우리는
모든 결과를 통제할 수 없지만
순종은 선택할 수 있습니다.

기도는 하나님에게 묻는 시간이고
행함은 그 답을 따라 사는 시간입니다.

기도 없는 행함은 분주함으로 흐르고,
행함 없는 기도는 자기 위로로 끝나기 쉽습니다.

오늘 기도의 자리에 앉았다면
이제는 작은 순종 하나를 삶으로 옮겨보십시오.

억눌러왔던 용서와 화해를 건네고,
미뤄왔던 일을 시작하는 그 작은 몸짓을

보여 주십시오.

당신의 기도가 완성되는 순간은

행함을 시작할 때입니다.

기도는

삶을 바꾸라고 주신 하나님의 선물입니다.

하지만 그 선물은

행함으로 이어질 때 비로소 완성됩니다.

마지막 한 움큼의 믿음

우리는

기다림에 익숙하지 않습니다.

무언가를 구하면

곧바로 결과가 오기를 기대하고,

기도하면 곧바로 문이 열리기를 바랍니다.

신앙의 길에서 마주하는 시간은

응답의 순간이 아니라 기다림의 시간입니다.

기도를 드렸는데 아무 변화가 보이지 않으면

마음이 심하게 흔들립니다.

하나님께서 듣고 계신지,

이 시간이 의미가 있는지를

스스로에게 묻게 됩니다.

기다림은 공백이 아닙니다.
하나님이 일을 안 하시는 시간이 아니라
보이지 않게 일하시는 시간입니다.

여호와를 앙망하는 자는
새 힘을 얻으리니 (사 40:31)

기다림은 힘이 빠지는 시간이 아닙니다.
새로운 힘을 비축하는 준비의 시간입니다.

간혹,
어떤 기다림은 흐르는 시간을 견디는 일이 아니라,
마지막 남은 한 움큼마저 내려놓아야 하는
결단의 자리이기도 합니다.

열왕기상 17장에
사르밧의 한 과부가 등장합니다.

가뭄이 계속되고,

기름병에는 몇 방울,

자루에는 한 움큼의 가루만 남았습니다.

그녀는 이렇게 말합니다.

그녀의 기다림은

희망의 기다림이 아니었습니다.

죽음을 앞둔 체념이었습니다.

그때 엘리야는 말합니다.

상식으로는 이해되지 않는 요구입니다.

이 말은 마지막을 드리라는 요청입니다.

그 말을 들은 그녀는
'마지막 남은 한 움큼'을 엘리야에게 드립니다.

성경은 또 이렇게 기록합니다.

기다림은 때로 마지막을 움켜쥐는 시간이 아니라
마지막을 드리는 시간입니다.

우리는 기다리며 계산합니다.
언제까지 버틸 수 있는지,
얼마나 남았는지,
혹시 실패하지는 않는지.

하지만 하나님은 남은 것을 보지 않으시고

내어 드리는 마음을 보십니다.

기다림 속에서
하나님은 우리의 중심을 드러내십니다.

조급함이 드러나고,
통제하려는 마음이 드러나고,
결과에 집착하는 내 모습이 드러납니다.

하나님은 묻습니다.

"그래도 나를 신뢰하겠느냐?"

사르밧 과부의 기적은
환경이 바뀌어서 시작된 것이 아닙니다.
순종이 먼저였습니다.

기다림은
하나님을 시험하는 시간이 아니라
내 믿음이 시험받는 시간입니다.

그 시험은

무너뜨리기 위한 것이 아니라

단단하게 하기 위한 것입니다.

오늘 당신이 서 있는 자리가

마지막 한 움큼만 남은 자리라면

두려움 속에서도 먼저 하나님께 내어 드리십시오.

기다림은 패배가 아닙니다.

하나님의 시간에

내 믿음을 맞추어 가는 과정입니다.

기다림은

기도를 더 순전하게 만들고,

순종을 더 깊게 만듭니다.

어느 날

기름병이 마르지 않았다는 것을

우리는 알게 됩니다.

기다림은 절망이 아니라
하나님을 더 깊이 신뢰하게 하는 은혜입니다.

마지막을 드릴 때
기적은 시작됩니다.

죽으면 죽으리라
결단으로 들어가는 금식

어떤 문제는

기도해도 쉽게 움직이지 않습니다.

말은 다 했고,

눈물도 흘렸고,

간구도 반복했지만

상황은 여전히 단단하게 닫혀 있는 듯 보입니다.

그럴 때 우리는

더 세게 밀어붙이려 합니다.

더 오래 말하고,

더 많이 요구하고,

더 빠른 결과를 끌어내려 합니다.

그러나 성경은

다른 길을 보여 줍니다.

덜 먹고,

덜 말하고,

덜 붙드는 길을 알려줍니다.

금식은

하나님을 설득하기 위한 거래가 아닙니다.

하나님의 마음을 움직이기 위해

나를 괴롭히는 행위도 아닙니다

금식은 내가 붙들고 있는 세상의 것들을

하나님보다 앞세우지 않겠다는 거룩한 선언입니다.

육신의 허기를 잠시 비워 내는 그 정적 속에서,

영혼의 갈망이 정직하게 그 모습을 드러냅니다.

무엇이 나를 지배하고 있었는지,

무엇이 나를 더 쉽게 흔들었는지,

금식은 숨겨진 중심을 밝힙니다.

하나님이 기뻐하시는 금식은
형식이 아니라 방향입니다.

진정한 금식은
단순히 음식을 멀리하는 것이 아닙니다.
꽁꽁 묶어두었던 미움을 놓아주고,
딱딱하게 굳어버린 고집을 허물고,
억눌려 있던 답답한 마음을
하나님 앞에 시원하게 쏟아내는 일입니다.

그래서 금식은 기도가 '요구'로 끝나지 않게 합니다.
기도가 '결단'으로 나아가게 합니다.

여기서 우리는

에스더의 순간이 떠오릅니다.

민족의 운명이 걸린 자리에서
에스더는 먼저 금식을 택했습니다.

나를 위하여 금식하되…

나도 나의 시녀와 더불어 이렇게 금식한 후에…

왕에게 나아가리니 (에 4:16)

그리고 마지막에 이렇게 말합니다.

죽으면 죽으리이다 (에 4:16)

이 고백은 절망의 탄식이 아닌,
하나님을 향해 자신의 모든 존재를 정렬하겠다는,
즉 하나님이 내 인생의 주인임을 인정하며
나라는 존재 자체를
그분께 맡겨버리는 믿음의 선포입니다.

금식은 바로 그 자리로 우리를 데려갑니다.

두려움이 완전히 사라져서 나아가는 것이 아니라,
두려움을 안고 하나님 앞에 서는 것입니다.

금식은
하나님께 집중하기 위해
나를 정리하는 시간입니다.

음식이 비워진 자리에 말씀이 채워지고,
습관이 멈춘 자리에 기도가 깊어집니다.

금식은 돌파의 기술이 아닙니다.
돌파를 준비하는 정결의 자리입니다.

우리는 상황이 바뀌기를 원합니다.
그러나 하나님은 먼저 사람을 다루십니다.

금식하는 동안
내 안의 교만이 낮아지고,
내 안의 불안이 정리되고,
내 안의 집착이 풀어집니다.

그렇게 중심이 바로 설 때
막혀 있던 길이 조용히 열리기 시작합니다.

금식은
극단이 아니고 집중입니다.

몸의 소리를 낮추고
하나님의 음성에 귀를 기울이는 일입니다.

금식의 깊이는
굶은 시간의 길이로 결정되지 않습니다.
하나님께 향한 마음의 순전함으로 결정됩니다.

오늘
당신이 돌파를 기다리고 있다면
더 많이 요구하기 전에
더 깊이 내려가 보십시오.

비워야 채워집니다.

내가 움켜쥐고 있던 것을
하나님께 내어 드릴 때 영혼은 가벼워지고,
길은 선명해집니다.

금식은 하나님의 마음을
강제로 움직이게 하는 거래가 아닙니다.
나를 움직이게 하는 은혜입니다.

그리고 그 자리에서
돌파가 시작됩니다.

기도로 미래를 디자인하다

우리는 미래를 생각할 때

두 가지 감정 사이에 서게 됩니다.

기대와 불안.

아직 오지 않은 시간은

가능성으로 빛나기도 하지만

동시에

통제할 수 없다는 이유로 두렵습니다.

그래서 우리는

계획을 세웁니다.

목표를 정하고

전략을 짭니다.

하지만 아무리 정교한 계획이라도

예상하지 못한 변수 앞에서는

흔들릴 수밖에 없습니다.

기도는 미래를 통제하는 기술이 아니라,

미래를 하나님께 맡기는 신뢰의 과정입니다.

그래서 기도로 미래를 디자인한다는 것은,

내 뜻대로 설계도를 그리는 것이 아니라

하나님의 뜻 안에서 내 삶의 방향을 맞춰가는 것입니다.

너는 마음을 다하여 여호와를 신뢰하고

네 명철을 의지하지 말라

너는 범사에 그를 인정하라

그리하면 네 길을 지도하시리라 (잠 3:5-6)

우리는

내가 아는 만큼만 계산하지만

하나님은 보이지 않는 시간까지 알고 계십니다.

기도는
내 시야를 넓히는 자리입니다.

지금 보이는 결과보다
하나님의 계획을 먼저 묻는 자리입니다.

기도는 막연한 소망이 아니라
구체적인 방향을 세우게 합니다.

무엇을 내려놓아야 하는지,
어디로 움직여야 하는지,
어떤 마음으로 준비해야 하는지를 보여 줍니다.

기도 없는 미래는
모래 위에 쌓은 성 같아서
금세 무너집니다.

하지만 기도로 준비하는 미래는
하나님의 신뢰라는 반석 위에 서기에
한없이 단단합니다.

기도는 우리에게 내일을 미리 보여 주지 않습니다.
대신, 오늘이라는 시간을 바르게 걸어갈 수 있는
확신을 줍니다.

오늘이 바르게 세워질 때
비로소 미래가 시작됩니다.

기도는
막연한 희망을 붙드는 일이 아니라
하나님이 이미 예비하신 길을
신뢰하는 선택입니다.

미래는
하루아침에 바뀌지 않지만
기도하는 사람의 태도는
오늘부터 달라집니다.

두려움이 줄어들고
확신이 깊어집니다.

성공을 쫓기보다
순종을 선택하게 됩니다.

기도는
미래를 조급하게 재촉하지 않습니다.
하나님의 시간에 맞추어
걸음을 조율합니다.

우리는
모든 것을 예측할 수 없지만
하나님은 모든 시간을 붙들고 계십니다.

오늘 미래가 불안하게 느껴진다면
계획을 세우기 전에
기도의 자리로 먼저 가십시오.

미래는 계산으로 완성되지 않습니다.
하나님과 맺어가는
신뢰의 관계 속에서 열립니다.

기도는 아직 오지 않은 내일을,

시간을 붙들고 계신 하나님의 손에

얹어두는 일입니다.

그 손안에서 우리의 길은 조용히,

그러나 분명하게 형성되기 시작합니다.

기도로 비전을 다시 세우다

비전은

한때는 선명했습니다.

가슴이 뛰었고,

밤잠을 설쳐도 괜찮을 만큼

분명한 그림이 있었습니다.

그러나 시간이 흐르면서

현실은 그림을 흐리게 만듭니다.

책임의 무게는 무거워지고,

실패의 상처가 쌓이며,

타인의 무심한 말들이 날카로운 화살처럼

마음에 박히기 때문입니다.

그러다 어느 순간 이렇게 묻습니다.

"꿈이 정말 하나님의 뜻이었는지?"
아니면 "나의 욕심이었는지?"

비전은
성공의 계획이 아닙니다.
하나님이 맡기신 방향입니다.

그래서 비전은
상황이 흔들려도
완전히 사라지지 않습니다.

다만 가려질 뿐입니다.

기도는
그 가려진 것을 다시 드러내는 자리입니다.

비전이 흐려지면

삶은 쉽게 흔들립니다.

열심은 남아 있어도

방향은 모호해지고,

수고는 계속되지만

기쁨은 줄어듭니다.

기도는 비전을 새롭게 만드는

시간이 아니라,

하나님이 심어두신 비전을

다시 확인하는 시간입니다.

하나님이 처음 주셨던 마음을,

처음 품게 하셨던 부담을,

처음 눈물 흘리게 하셨던 장면을

다시 떠올리게 합니다.

비전은

환경이 좋아야 유지되는 것이 아닙니다.

하나님과의 관계 속에서 유지됩니다.

기도는 비전을 정화합니다.

내 욕심이 섞였는지,
인정받고 싶은 마음이 앞섰는지,
두려움 때문에 포기하려는 것은 아닌지.

기도 속에서
비전은 다시 맑아집니다.

무리한 욕망은 사라지고
순전한 소명만 남습니다.

비전은
나를 높이기 위한 계획이 아닙니다.
하나님의 뜻을 드러내기 위한 통로입니다.

기도는
그 통로를 다시 여는 일입니다.

오늘

당신의 마음이 식어 있다면,

비전이 사라진 것이 아니라

기도가 줄어든 것입니다.

기도는

가슴을 다시 뛰게 합니다.

기도는

다시 시작하게 합니다.

비전은 크기보다

하나님을 향하는 방향이 중요합니다.

기도 속에서

하나님이 주신 작은 불씨를

다시 살리십시오.

그 불씨를 꺼지지 않게 지키는 것은

당신이 아닙니다.

당신을 부르신 하나님이십니다.

기도는
비전을 다시 세우는 은혜입니다.

그 자리에서
우리는 다시 고백합니다.

'이 길은 내 선택이 아니라
하나님의 부르심이다'라는 사실을.

기도는 그리스도의 몸을 세운다

우리는 살아가면서

끊임없이 비교합니다.

누가 더 잘하는지,

누가 더 인정받는지,

누가 더 영향력이 있는지.

은사를 받아도

때로는 기쁨보다

비교가 먼저 일어납니다.

나는 왜 저만큼은 아닐까.

나는 왜 저 사람처럼 쓰임 받지 못할까.

때로는, 나는 저 사람보다 낫다고

은근히 우월해지기도 합니다.

성경은 분명히 말합니다.

몸은 하나인데 많은 지체가 있고

몸의 지체가 많으나 한 몸임과 같이

그리스도도 그러하니라 (고전 12:12)

은사는 개인의 자랑이 아닙니다.
몸을 세우기 위한 선물입니다.

눈이 손에게,
"내가 너를 쓸 데가 없다"고 말할 수 없고
머리가 발에게,
"내가 너를 필요로 하지 않는다"고
말할 수 없습니다.

기도의 자리는
나 혼자 빛나는 자리가 아닙니다.
지체로 서는 자리입니다.

우리는

“사촌이 땅을 사면 배가 아프다”고 말합니다.

누군가 잘되면

은근히 마음이 복잡해집니다.

그러나 성경은 이렇게 말합니다.

만일 한 지체가 고통을 받으면

모든 지체가 함께 고통을 받고 한 지체가 영광을 얻으면

모든 지체가 함께 즐거워하느니라 (고전 12:26)

이것이 몸의 원리입니다.

기도는

이 원리를 회복하는 자리입니다.

기도는 내 성공을 구하는 시간이 아니라

몸의 회복을 구하는 시간입니다.

내가 받은 은사가

나를 돋보이게 하기 위한 것이 아니라,

지체를 살리기 위한 것임을

다시 깨닫는 시간입니다.

은사는 비교의 기준이 아니라

섬김의 통로입니다.

우월감도,

열등감도

몸의 질서를 무너뜨립니다.

우월감은

다른 지체를 무시하게 만들고,

열등감은 자기 자신을 숨게 만듭니다.

그러나 기도의 자리에서는

이 두 감정이 내려놓아집니다.

나는 몸의 일부입니다.

없어도 되는 존재가 아니고,

혼자 완전한 존재도 아닙니다

하나님은
각 사람에게 은사를 주셨습니다.
필요해서 주셨습니다.
함께 세우라고 주셨습니다.

기도는
내가 받은 것을 감사하게 하고,
남이 받은 것을 축복하게 합니다.

누군가 영광을 받으면 함께 기뻐하게 하고,
누군가 고통을 당하면 함께 아파하게 합니다.

그것이 그리스도의 몸입니다.

기도의 자리는
몸을 분열시키는 자리가 아니라
몸을 하나 되게 하는 자리입니다.

내가 돋보이기 위한 기도가 아니라

지체가 살아나기를 구하는 기도입니다.

내 이름이 아니라

그리스도의 이름이 높아지기를 구하는 기도입니다.

우리는

혼자 부름받지 않았습니다.

몸으로 부름받았습니다.

오늘

기도할 때

이렇게 기도하십시오.

"주님, 제가 받은 은사가

몸을 세우는 도구가 되게 하소서.

한 지체가 아플 때 외면하지 않게 하시고,

한 지체가 영광을 얻을 때

진심으로 기뻐하게 하소서."

기도의 끝에서 우리는 비로소 깨닫게 됩니다.

나는 혼자가 아니라

그리스도의 몸의 지체라는 것을.

그 사실 위에

교회는 세워지고,

기도는 완성됩니다.

part. 5

자리를 지키는 사람

끝까지 남는 자가 승리한다

신앙의 로열석

사람은 어디를 가든 자기 자리를 만듭니다.
학교에서도, 교회에서도, 직장에서도 그렇습니다.

늘 비슷한 자리에 앉습니다.
이유는 단순합니다.
그 자리가 편하기 때문입니다.

편하다는 말은 안전하다는 뜻입니다.
익숙한 각도, 익숙한 거리,
도망가기도 좋고 숨기도 좋은 자리.

그래서 어떤 사람은 늘 뒤에 앉습니다.
기둥 뒤, 맨 끝자리, 출입구 가까운 자리.
시선은 피하고 싶고, 부담은 줄이고 싶기 때문입니다.

반대로 공연장이나 경기장에 가면
사람들은 '로열석'을 찾습니다.

왜일까요?

앞자리는 얼굴이 보입니다.
표정이 보이고, 숨결이 느껴지고,
눈빛이 전달됩니다.

가까이 앉는다는 것은
관계를 더 깊이 경험하고 싶다는 마음입니다.

심리학적으로도 거리는 관계의 깊이를 만듭니다.
물리적 거리가 가까울수록 정서적 몰입도 높아집니다.

눈을 마주치는 순간, 뇌는 더 강하게 반응합니다.

우리는 좋아하는 가수의 콘서트에서는
최대한 앞에 앉고 싶어 합니다.

가까이 보고 싶어서입니다.

신앙의 자리도 같습니다.
하나님 앞에서는 앞에 앉아야 합니다.

당신은 어디에 앉는 사람입니까?

성경은 이렇게 말합니다.

하나님의 얼굴을 찾는다는 표현은
관계의 가장 가까운 거리를 의미합니다.
멀리서 소식만 듣는 것이 아니라
눈을 맞추는 거리입니다.

또 이런 말씀도 있습니다.

대면하여

얼굴을 가까이 두는 자리.

기도의 자리는

뒤에서 조용히 듣는 자리가 아니라

앞으로 나아가는 자리입니다.

처음에는 앞자리가 부담스럽습니다.

가까이 갈수록 내 모습이 드러나기 때문입니다.

표정도, 마음도 숨길 수 없습니다.

사람은 편한 자리를 택합니다.

하지만 편한 자리가 항상 좋은 자리는 아닙니다.

학교에서도, 인생에서도

처음부터 좋은 자리에 앉는 것이 중요합니다.

좋은 자리란 눈에 잘 띄는 자리가 아니라

가까이 보는 자리입니다.

하나님의 얼굴을 가까이 볼 수 있는 자리,
그 자리가 신앙의 로열석입니다.

뒤에 앉으면 안전할 수는 있습니다.
하지만 표정은 잘 보이지 않습니다.
앞에 앉으면 긴장될 수는 있습니다.
하지만 얼굴이 보입니다.

신앙은 결국 거리의 문제입니다.
얼마나 가까이 가느냐의 문제입니다.

오늘 나는 어디에 앉아 있습니까?
편한 자리입니까?
아니면 가까운 자리입니까?

기도의 자리는
하나님의 얼굴을 가까이 보는 자리입니다.

누구 앞에 앉을 것인가

사람들은 흔히

"자리가 사람을 만든다"고 말합니다.

맞는 말입니다.

더 정확히 말하면,

그 자리를 감당할 준비가 된 사람이

그 자리에 앉는 것입니다.

아무나 높은 자리에 앉는다고

그 자리가 그 사람을 완성시켜 주지는 않습니다.

오히려 감당하지 못하면

그 자리가 부담이 되고 시험이 됩니다.

문제는 많은 사람이

자기가 앉아야 할 자리를 모르고

그냥 눈에 보이는 자리에 앉는다는 것입니다.

초청받은 자리에는 자리 배정이 있습니다.
그런데도 막무가내로 앞자리에 앉았다가
민망해지는 순간이 생깁니다.

예수님도 말씀하셨습니다.

청함을 받았을 때에 높은 자리에 앉지 말라…
끝자리에 가서 앉으라… 그러면 너를 청한 자가 와서
너더러 벗이여 올라앉으라 하리니 (눅 14:8-10)

앞자리는 욕심으로 가는 자리가 아니라
불러 주실 때 가는 자리입니다.

신앙도 그렇습니다.

내가 앉고 싶은 자리와
내가 앉아야 할 자리가 다를 수 있습니다.
한번 상상해 보십시오.

지금 내가 앉고 싶은 자리는 어디입니까?

사람들 앞입니까?

인정받는 자리입니까?

안전한 뒷자리입니까?

혹시 습관처럼, 생각 없이 아무 곳에나

앉는 것은 아닙니까?

기도의 자리도 마찬가지입니다.

아무 데나 앉는다고 기도의 자리가 되지 않습니다.

정해진 자리, 준비된 자리가 필요합니다.

예수님은 바쁠수록

한적한 곳으로 가셨습니다.

예수께서 나가사 습관을 따라 감람산에 가시매… (눅 22:39)

또 이렇게 말씀하셨습니다.

기도의 자리는 공개석이 아닙니다.

앞에서 보이기 위한 자리가 아니라

조용히 마주 앉는 자리입니다.

결국 중요한 것은

어디에 앉느냐가 아니라

누구 앞에 앉느냐입니다.

사람 앞에서는 앞자리에 앉지만

하나님 앞에서는 늘 뒤에 서 있는

삶이 될 수도 있습니다.

자리를 바꾸십시오.

사람 앞에서는 맨 끝자리에 앉고

하나님 앞에서는 가장 가까운 자리에 앉으십시오.

그 자리는 경쟁하는 자리가 아닙니다.

초청받은 자리입니다.

오늘, 당신은 어디에 앉아 있습니까?

어디에 앉기를 원하십니까?

기도의 자리는

주님과 마주 보는 자리입니다.

그 자리를 미리 정해 두십시오.

골방 한편이라도 좋습니다.

매일 앉을 자리 하나를 만드십시오.

당신이 앉는 그 자리가

당신의 인생을 증명합니다.

사람들의 박수 소리가 들리는

앞자리를 탐내기보다,

주님의 숨결이 느껴지는 고요한 골방의 자리를

먼저 차지하십시오.

세상의 자리는 당신을 이용하지만,

주님 앞의 자리는 당신을

'진짜 당신'으로 빚어냅니다.

거기 너 있었는가

"거기 너 있었는가,

그때에, 주님 그 십자가에 달릴 때에."

이 질문은 찬송가의 한 구절이지만,

사실은 우리의 자리를 묻는 질문입니다.

나는 어디에 있었는가?

나는 지금 어디에 서 있는가?

십자가 아래에는 여러 사람이 있었습니다.

구경하는 사람,

조롱하는 사람,

멀찍이 떨어져 지켜보는 사람,

끝까지 곁에 서 있던 사람.

같은 장소에 있었지만

같은 마음은 아니었습니다.

몸은 가까이 있었지만
마음은 멀리 있던 사람도 있었고,
멀리 서 있었지만
가슴은 무너지고 있던 사람도 있었습니다.

그래서 묻게 됩니다.

나는 어떤 자리에 앉은 사람이었는가?

기도의 자리에 앉는다고 해서
자동으로 십자가 앞에 서는 것은 아닙니다.

몸은 기도의 자리에 앉아 있지만,
머릿속은 여전히 세속의 일로 분주합니다.

어떻게 성공할지, 언제쯤 대박이 터질지,
누가 나를 우러러볼지….
십자가를 앞에 두고 여전히

‘내’ 성벽을 쌓는 데 몰두합니다.

그러나 십자가 앞에서는
모든 것이 작아집니다.

그가 찔림은 우리의 허물 때문이요
그가 상함은 우리의 죄악 때문이라 (사 53:5)

십자가는
누군가의 비극이 아니라
나의 이야기입니다.

그래서 이 질문은 피할 수 없습니다.

"거기, 정말 너 있었는가?"

십자가는 구경하는 자리가 아닙니다.
거래하는 자리가 아닙니다.
눈도장을 찍는 자리도 아닙니다.

그곳은 나의 죄인 됨을 처절하게 참회하고,
은혜 없이는 단 일 분도 살 수 없는 존재임을
고백하는 '항복의 자리'입니다.

성경은 또 말합니다.

십자가는 멀리서 보는 장면이 아니라
함께 서는 자리입니다.

기도의 자리에 앉았다면
이제 이렇게 물어야 합니다.

"나는 지금 무엇을 바라보고 있는가?
십자가인가, 아니면 내 욕망인가?
거기 너 있었는가?"

이 질문은
우리의 신앙을 흔들기 위한 말이 아니라

자리를 바로 세우기 위한 질문입니다.

기도의 자리는

내 꿈을 펼치는 무대가 아니라

십자가 앞에 머무는 자리입니다.

그 자리에 서면

허황된 기대는 조용해지고, 계산은 멈춥니다.

마음도 낮아집니다.

이제 그 자리에서 스스로에게 물으십시오.

"거기, 정말 너 있었는가?"

화려한 주인공이 되려던 욕심을 내려놓고,

가장 낮고 아픈 십자가 아래 머두르십시오.

당신의 기도가 세상의 소음이 아닌,

주님의 숨결로 채워지는 순간은

바로 그곳에서 시작됩니다.

머무름이 깊이를 만든다

베드로가 말합니다.

주여 우리가 여기 있는 것이 좋사오니

만일 주께서 원하시면 내가 여기서 초막 셋을 짓되

하나는 주님을 위하여, 하나는 모세를 위하여,

하나는 엘리야를 위하여 하리이다 (마 17:4)

변화산에서 영광을 본 순간,
베드로는 그 자리에 머물고 싶었습니다.
그 감동을 붙들고 싶었습니다.
천막을 짓고, 그 장면을 고정하고 싶었습니다.

그러나 신앙은
빛나는 순간을 붙잡는 것으로 완성되지 않습니다.
산 아래로 내려와야 했고,

일상의 자리로 돌아와야 했습니다.

사람은 참 다릅니다.

잠시도 머물지 못해
계속 자리를 옮기는 사람이 있습니다.
앉았다가 금방 일어나고, 집중했다가 금방 흩어지고,
안절부절못하는 사람입니다.

반면, 한 번 앉으면
오래 앉아 있는 사람이 있습니다.
조용히, 묵묵히, 그 자리를 지키는 사람입니다.

예전에 박사과정 시절에
자주 회자되던 말이 떠오릅니다.

"박사는 머리로 하는 것이 아니라 엉덩이 힘으로 한다."

웃으며 했던 말이지만
가만히 생각해 보면 맞는 말입니다.

누가 더 오래 자리에 앉아

읽고, 쓰고, 생각하느냐에 달렸다는 뜻입니다.

깊이는 번쩍이는 아이디어에서 나오지 않습니다.

머무름에서 나옵니다.

기도도 그렇습니다.

잠깐 감동받고 일어나는 사람과

조용히 오래 머무는 사람은

시간이 지나면 전혀 다른 내면을 갖게 됩니다.

기도의 자리는

잠시 들렀다 가는 쉼터가 아닙니다.

머무르는 자리입니다.

성경은 말합니다.

너희는 가만히 있어 내가 하나님 됨을 알지어다 (시 46:10)

요즘 우리는 짧고 강렬한 자극에

길들어져 있습니다.

끊임없이 이어지는 짧은 영상과 피드,

즉각적인 반응 속에서 조금만 지루함이 찾아와도

무의식적으로 손을 뻗어 다른 것을 찾곤 합니다.

그러다 보니 한곳에 깊이 머무는 힘은

점점 희미해집니다.

하지만 기억하십시오.

영혼의 깊이는 결코 짧은 시간 속에서

만들어지지 않습니다.

기도의 자리는

속도를 늦추는 자리입니다.

말을 줄이고, 생각을 정리하고,

하나님 앞에 그대로 머무는 자리입니다.

"거기 너 있었는가."

그 자리에 잠깐 있었는가,

아니면 오래 머물러 있었는가.

베드로는 천막을 짓고 싶었습니다.
그 감동을 소유하고 싶었습니다.
그러나 신앙은 소유가 아니라 순종입니다.

붙잡는 것이 아니라
내려놓고 따르는 것입니다.

기도의 자리는
결과를 빨리 얻는 자리가 아니라
사람이 깊어지는 자리입니다.

엉덩이 힘으로 공부하듯
무릎의 힘으로 머무는 곳입니다.

처음에는 생각이 흩어지고,
집중이 잘되지 않아도 그 자리를 떠나지 않는 것.
그 깊은 침묵 속에서 사람은 단단해집니다.

어느 날,
그 오래 앉아 있던 시간이
당신을 지켜 줄 것입니다.

위기의 순간에
흔들리지 않게 만드는 힘은
한 번의 감동이 아니라
오래 머물렀던 시간입니다.

거기, 당신은
잠깐 스쳐 지나가는 사람입니까?
아니면 머무는 사람입니까?

쏟아내는 기도, 스며드는 기도

어떤 사람은 묻지 않아도
술술 말을 쏟아냅니다.
상황과 상관없이,
듣는 사람의 마음과 상관없이
속에 있는 것을 그대로 밖으로
내보냅니다.

반면, 어떤 사람은
물어도 꼭 필요한 말만 합니다.
쓸데없는 말은 하지 않습니다.
말을 아끼고, 생각을 거르고,
조용히 정리합니다.

이런 사람도 있습니다.
속에 있는 말을 다 쏟아붓지 않으면

못 견디는 사람입니다.

그런 사람은 말해야 풀리고,

드러내야 편해집니다.

꾹 참고 속에 담아 두는 사람도 있습니다.

겉은 고요한데 속은 복잡합니다.

말이 없다고 평안한 것은 아닙니다.

말의 문제는

양이 아니라 방향입니다.

기도의 자리에서도 그렇습니다.

기도를 말의 분량으로 생각하는 사람이 있습니다.

길게, 많이, 크게 말해야 기도한 것 같다고 여깁니다.

그러나 성경은 전혀 다른 장면을 보여 줍니다.

한나가 마음이 괴로워서

여호와께 기도하고 통곡하며… 한나가 속으로 말하매

입술만 움직이고 음성은 들리지 아니하므로 (삼상 1:10-13)

입술만 달싹달싹 움직였습니다.

소리는 들리지 않았습니다.

그럼에도 하나님은 그 기도를 들으셨습니다.

기도는

소리의 크기로 닿는 것이 아닙니다.

마음의 깊이로 닿습니다.

나는 오래전부터 사진 촬영이 취미였습니다.

사진을 찍다 보면 결국 중요한 것은 노출입니다.

조리개를 어떻게 여느냐에 따라

빛이 들어오는 양이 달라집니다.

조리개를 과하게 열면 빛이 넘쳐

사진의 형체는 하얗게 날아가 버립니다.

반대로 조리개를 꽉 닫아버리면 빛이 닿지 않아

어둠 속에 모든 것이 잠겨버립니다.

형체와 색감을 오롯이 살려내는 비결은

결국 '빛의 양'을 조절하는 노출에 있습니다.

기도의 자리도
노출을 조절하는 자리입니다.

자세히 설명하면,
기도의 자리는 내 마음의 조리개를
하나님 앞에 맞추는 '영적 노출'의 시간입니다.

내가 얼마나 많은 말을 쏟아내느냐보다,
내 영혼이 하나님의 빛을 얼마나 정직하게
받아들이느냐가 더 중요하기 때문입니다.

기도는 말을 채우는 자리가 아니라,
비워진 마음의 틈 사이로
하나님의 빛이 스며들게 하는 자리입니다.

조용히, 깊게.

그 빛이 들어올 때
사진이 살아나듯
인생도 선명해집니다.

고통의 멍에를 벗는 기도의 자리

왜, 우리는 기도의 자리로 돌아옵니까?

잘나갈 때는 오지 않습니다.
형통할 때는 바쁘다고 미룹니다.
그러다 벽에 부딪히고 나서야 그 자리를 찾습니다.

기도의 자리는
회복의 자리입니다.

성경 속 사람들도 그랬습니다.

다윗은 죄를 깨닫고 나서야 엎드렸고,
베드로는 주님을 부인한 뒤 통곡하며 돌아왔습니다.

우리는 무너져야 비로소 기도의 자리를 찾습니다.

찬송가 「고통의 멍에 벗으려고」는
우리의 고백을 대신합니다.

"고통의 멍에 벗으려고 예수께로 나갑니다."

왜 갑니까?
멍에가 무거워 혼자서는 벗을 수 없기에 갑니다.

"낭패와 실망 당한 뒤에 예수께로 나갑니다."

언제 갑니까?
계획이 무너지고, 기대가 깨지고,
자존심이 내려앉은 뒤에 갑니다.

"교만한 맘을 내버리고 예수께로 나갑니다."

누가 갑니까?
내가 내 힘으로 살 수 없다는 것을
인정하려고 갑니다.

"죽음의 길을 벗어나서 예수께로 나갑니다."

어떻게 갑니까?
내 길에서 방향을 바꾸어 십자가 앞으로 갑니다.

기도의 자리는
패배자의 도피처가 아닙니다.
돌아서는 사람의 출발점입니다.

그 자리에서 빈궁한 삶이 부해지고,
슬프던 마음이 위로받고,
실망한 몸이 다시 일어섭니다.

멸망의 포구를 벗어나
새로운 항로로 나아가게 됩니다.

기도의 자리는
잘난 사람이 증명하는 자리가 아닙니다.
상처 입은 사람이 숨는 자리도 아닙니다.
다시 시작하는 자리입니다.

언제든지 갈 수 있습니다.

그러나 대개는 무너진 뒤에 갑니다.

왜 갑니까?

살기 위해 갑니다.

어떻게 갑니까?

그냥 갑니다.

체면 내려놓고,

자존심 내려놓고,

두 손 들고 갑니다.

기도의 자리는

멍에를 벗는 자리입니다.

교만을 내려놓는 자리입니다.

십자가 은혜를 맛보는 자리입니다.

기도의 자리는

결국, 멸망의 길에서 방향을 바꾸는

자리입니다.

오늘 당신은

어떤 이유로 그 자리에 서 있습니까?

고통 때문입니까?

실망 때문입니까?

아니면 아직 늦지 않았다는 믿음 때문입니까?

기도의 자리는 회복의 자리입니다.

그곳에서

무너진 인생이 다시 세워집니다.

막혔던 것이 열리고,

묶여 있던 것이 풀리고,

닫혔던 문이 다시 열리는 은혜가 임합니다.

그 자리로 당신을 초청합니다.

그곳에서

무너진 인생이 다시 세워지길 축복합니다.

기도는 삶이 된다

기도의 자리에서 가장 중요한 것은
결국 기도입니다.

그런데 기도는 따로 떨어져 존재하지 않습니다.
기도는 말씀과 함께 숨 쉬는 것입니다.

아버지의 말을 귀 기울여 듣는 자녀가
아버지의 마음을 이해하듯,
하나님의 말씀을 듣지 않고서는
하나님의 뜻을 알 수 없습니다.

말씀을 모른 채 드리는 기도는
자칫 독백이 되기 쉽습니다.
하나님의 뜻을 묻는다고 하지만
실은 자기감정만 쏟아놓고

돌아서는 시간이 될 수 있습니다.

마음을 다스리지 못한 열심은
위험해집니다.

예수님을 잡으러 온 무리 앞에서
한 제자가 칼을 휘둘렀습니다.

그는 주님을 지키고 싶었습니다.
그러나 주님의 길을 충분히 이해하지 못했습니다.
말씀을 붙들지 못한 열심은
결국 칼이 되고 맙니다.

기도의 자리는
감정이 폭발하는 공간이 아닙니다.
말씀 앞에서 마음이 가지런해지는 자리입니다.

성경은 이렇게 말합니다.

말이 많아도
사랑이 없으면 공허합니다.
말씀이 없으면 방향을 잃습니다.

자기도 이해 못 하는 말을 반복하며
자기 감정에만 머문다면
기도는 깊어지지 않습니다.

기도는 하나님께 말하는 것이지만
동시에 하나님께 듣는 시간입니다.

전쟁터에 나가는 병사가
무기 없이 싸울 수 없듯이,
신앙의 현장에 서는 사람도
말씀 없이 설 수 없습니다.

말씀은 방향입니다.

말씀은 기준입니다.

말씀은 방패입니다.

기도의 자리는

말씀을 묵상하는 자리입니다.

말씀을 읊조리는 자리입니다.

귀에 들리도록 소리내어 읽는 자리입니다.

입술로 말씀을 읽다 보면

마음이 정리됩니다.

흩어졌던 생각이 모입니다.

감정이 가라앉고 하나님의 뜻이 중심에 놓입니다.

성경은 말합니다.

이 예언의 말씀을 읽는 자와 듣는 자와

그 가운데에 기록한 것을 지키는 자는 복이 있나니 (계 1:3)

복된 자리는
말씀이 함께하는 자리입니다.

기도가 복이 되는 이유는
그 자리에 말씀이 있기 때문입니다.

말씀이 없는 기도는 흔들립니다.
말씀이 있는 기도는 단단해집니다.

빛이 들어오는 자리는
말씀이 비추는 자리입니다.

기도의 자리는
내 말을 늘어놓는 공간이 아니라
말씀으로 내 마음을 비추는 자리입니다.

그 자리에 오래 앉아
말씀을 읽고, 듣고, 묵상할 때
기도는 깊어집니다.

복된 자리는

말씀이 함께하는 자리입니다.

그 자리가

결국 당신의 삶을 지켜 줄 것입니다.

다시, 그 자리에 앉으십시오

31일이 흘렀습니다.

어쩌면 당신을 둘러싼 환경은
여전히 그대로일지도 모릅니다.
닫힌 문이 당장 열리지 않았고,
기대했던 방식의 응답이
아직 보이지 않았을 수도 있습니다.

그러나 한 가지는 분명합니다.
당신은 이제 '기도의 자리'가 어디인지
아는 사람이 되었습니다.

우리는 이 여정 동안
문제 없애는 법을 배운 것이 아니라
자리 옮기는 법을 배웠습니다.

분노의 자리에서 기도의 자리로,

불안의 자리에서 신뢰의 자리로,

소음의 자리에서 임재의 자리로.

인생은 생각보다 자리에 민감합니다.

어디에 오래 앉아 있느냐에 따라

해석이 달라집니다.

해석이 달라지면 선택이 달라지고,

선택이 달라지면 결국 방향이 달라집니다.

기도는 상황을 단번에 뒤집는 기술이 아닙니다.

대신 사람을 단단하게 만듭니다.

단단해진 사람은

쉽게 흔들리지 않습니다.

쉽게 무너지지 않습니다.

쉽게 떠나지 않습니다.

우리는

응답이 와야 믿음이 생긴다고 생각합니다.

그러나 믿음은 응답을 보기 전에

자리를 지키는 데서 자랍니다.

기도는 하나님을 움직이는 힘이 아니라

하나님 앞에 계속 앉아 있는 선택입니다.

이 책을 덮는 순간

일상은 다시 분주해질 것입니다.

알림은 울리고, 사람들은 재촉하고,

문제는 여전히 우리를 시험에 들게 할 것입니다.

그때 기억하십시오.

기도는 특별한 공간이 아니라

방향이라는 것을.

거창한 시간이 아니라

다시 앉는 결단이라는 것을.

기도의 사람은 완벽한 사람이 아닙니다.

흔들리지만 돌아오는 사람입니다.

넘어지지만 다시 앉는 사람입니다.

응답이 늦어도 자리를 떠나지 않는 사람입니다.

하나님은 그 자리를 지나치지 않으십니다.

아무도 보지 않는 그 자리에서

이미 일하고 계시기 때문입니다.

이제 다시 묻겠습니다.

당신은 어디에 앉아 있겠습니까?

세상의 소음 한가운데 계속 머물겠습니까,

아니면 하나님 앞에 자리를 정하겠습니까.

기도는 한 번으로 끝나지 않습니다.

오늘도, 다시 앉는 것입니다.

그 자리에 다시 앉으면

당신은 무너지지 않을 것입니다.

그 자리에서 당신은 다시 해석될 것입니다.

그 자리에서 당신의 인생은

하나님의 이야기로 이어질 것입니다.

다시 한번 말씀드립니다.

"그 자리에 앉으십시오."

기도의 자리

1판 1쇄 인쇄 2026년 04월 15일
1판 1쇄 발행 2026년 04월 20일

지은이 최원호
펴낸이 인창수
디자인 허윤강
펴낸곳 태인문화사
신고번호 제2021-000142호
주소 경기도 파주시 탄현면 참매미길 234-14, 1403호
전화 031-943-5736
팩스 031-944-5736
이메일 taeinbooks@naver.com

ISBN 979-11-93709-12-2(03230)